いちいち不機嫌にならない生き方

名取芳彦

青春新書
PLAYBOOKS

はじめに

不機嫌そうな顔をしている人が増えた気がしませんかと聞かれたことがあります。

不機嫌そうな顔が、笑っていないだけの顔なのか、音楽室に飾ってあるベートーベンの肖像画のような顔なのか、落語に時々出てくるカボチャに手裏剣を打ったような顔なのか定かではありませんが、よくよく人の表情を観察していらっしゃるのでしょう。

不機嫌な顔をした人が増えたのが事実だとしたら、その理由は何でしょう。

私たちを不機嫌にさせることが増えたのか、あるいは、ちょっとしたことにも敏感に反応して不機嫌になる人の割合が増えたのか。

私は後者だと思うのです。

不機嫌は、自分の都合通りにならないことが起きた時に現れる心の反応です。これを仏教では「**苦**」と言います。

都合通りにならないことは、「こうしたい」「こうあるべき」という都合があるかぎり、今も昔も、洋の東西を問わずいくらでも出てきます。最近になって都合通りにならないことが増えたわけではないでしょう。

その日の天気や健康状態、レジの順番待ちや車の渋滞、人間関係、株価や為替に至るまで、自分の思い通りにならないことは星の数ほどあります。それにいちいち反応して不機嫌になれば、一日中、否、一生不機嫌な顔をして過ごす羽目になります。

そんな生き方を望む人はいないでしょう。

そこで大切なのは、たとえ不機嫌になってもすぐに直すこと、そして、最初から不機嫌にならないようにすることです。

朝起きて雨だとわかってチェッと舌打ちしてしまったら、傘に当たる雨音を楽しめると思えば機嫌は直ります。雨粒がついた服を拭くために、普段は持ち歩かない可愛いハンドタオルをカバンの中に入れれば、雨も楽しめます。

空いているレジを選んで並んだのに、自分の番の直前でレシート用紙の交換になってムスッとしたら、レジ周りに陳列してある商品を片っ端から見て、「なるほど、このお店ではこういう商品を最後に買ってもらおうと努力しているのか」と感心すれば、機嫌は直ります。

「体調がすぐれないのは、体が『休んでくれ』という信号を発信しているからだ」と普段から思っていれば、体調が悪くても不機嫌を最小限にとどめて養生できます。

車が渋滞するのはそれだけ物流が動いて経済が潤っている証拠だと了解し、渋滞を予想して早めに出発すれば、イライラすることも、慌てふためいて不機嫌になることもないでしょう。

こうした対処法を身につけるには、練習が必要です。

何かあるとすぐにムカついたり、イライラするのがクセになってしまっている人はなおさらです。

本書は世にあふれている〝自分の都合通りにならないこと〟をどのように考え、対処すればいいのかを、仏教の教え（特に知恵）を土台に展開しています。

各項は、具体的な悩みや愚痴をもとにしていますが、その奥にひそむ不機嫌の種をさぐり、その種から派生する別の不機嫌にも対応できる方法をお伝えしようと試みました。

不機嫌を野放しにすれば、あなたは「不機嫌が服を着て歩いているような人」として敬遠されるでしょう。そんな人ばかりになれば、後世の人は私たちの時代を「不機嫌な時代」と呼び、外国から「不機嫌な国」と揶揄《やゆ》されることになります。

そうならないように、一人でも多くの方が機嫌をなだめる技を手に入れ、大きな心で機嫌よく過ごす手伝いができれば幸いです。

名取芳彦

いちいち不機嫌にならない生き方

目次

1章 一瞬、不機嫌になったっていい

不機嫌のキッカケ

2章

孤独の9割は不機嫌がモトです

不機嫌のキッカケ

3章

〝他人の目が気になる〟に効くヒント

不機嫌のキッカケ

4章

心のツボを外さない〝初動消火〟のコツ

不機嫌が消えていく

5章 「いつも心おだやかに」こそ仏教がめざしたもの

不機嫌が消えていく

6章 心の風通しがよくなる急所

不機嫌が消えていく

本文デザイン／青木佐和子

1章

一瞬、不機嫌に
なったっていい

不機嫌のキッカケ 1

他人に「もっと〜すべきなのに」と思うことが多い

何となく気分が晴れない日はあるもの。

電車は時刻表通りに来ているのに、ホームで待っていることにイライラしたり、会社に行けば押し黙って働いている同僚を見て〝何が楽しくて仕事をしているんだ〟とため息をつくこともあるでしょう（ため息は心を削るカンナです）。

家でお笑い番組を観れば「どこが面白いのだ」と独りブツブツ文句を言い、ノルマをクリアするだけのように漫然とゲームに向かい、ミスをするたびにチェッと舌打ちをすることもあるでしょう。

そんな日が一日、二日続いてもいいと思います。イライラやムカムカする日が続くから、このままではマズイと気づけるのです。マイナスの心をプラスにしなくても、ニュートラルに戻しさえすればいいのです。

私は、上機嫌、ハイテンションで毎日を過ごしたいと思いません。一人になってその日あったことをしみじみと思いだし、感謝し、充実した気持ちになるのは上機嫌ではなく、心がニュートラルになった時だからです。
イライラ、ムカムカが続くのはホルモンバランスの影響もあるでしょうし、他にもさまざまな要因が考えられます。睡眠不足だったり、栄養バランスが崩れていると思うなら、睡眠時間を増やし、バランスのとれた食事を心がけます。

やり残していること、気がかりになっていることがないかも確認します。それらは心のあちこちに引っかかって、心の風通しを悪くしていることが多いのです。

出すべき書類を出していない、切れかかっている電球を替えていない、靴や洋服がボロになっている、お墓参りをしていない、中身がゴチャゴチャの引き出しを整理していないなどです。たくさんある場合には、優先順位をつけて一つずつケリをつけていくしかありません。

お酒を飲めない方には申し訳ないのですが、お酒は憂いを払う箒《ほうき》と言われるように、少しのイライラや不安などは美味しいお酒を飲むことで「まあ、どうでもいいや」と思えて気分が晴々するものです。実際、世の中の多くのことは、自分の力ではどうしようもないことや、どちらでもいいことが多いものです。潔く諦めるのは素面《しらふ》の時でもできますが、お酒の力は大きな助けになるでしょう（飲めない人が、無理して飲んではダメですよ）。

心をプラスではなく、ニュートラルな状態にするのも、いいものです。

不機嫌のキッカケ 2

えこひいきする人に辟易《へきえき》している

すべての男性が若い女性を好きだとは言いませんが、小犬や赤ちゃんから女性アイドル（グループ）に至るまで、何となく可愛らしく、愛くるしい生きものは多くの人が好きでしょう。か弱い存在を庇護《ひご》したくなる種保存の本能なのかもしれません。

この事実を見ようとせずに、「他人に媚《こ》びて甘えている人を愛くるしく感じ、鼻の下を伸ばしているなんて、どうかしている」と文句を言っても始まりません。

かつて家内と歩いていて可愛いファッションをした二十代の女性とすれ違ったことがありました。彼女をチラリと見た私を、家内がチラリと見ました（チラリの連鎖です）。そして、

「あなたって、若い娘《こ》が好きなのね」

と言います。私は言い訳をするように、

「そりゃ、男はみんな若い女の子が好きだよ」

と言ってしまいました。もちろん、家内はプンとしました。私としては正直に答えたつもりですが、**世の中には自分に正直なだけで他人に不誠実な人はゴマンといます**。その時の私

がそうでした。「男はみんな若い娘が好きだよ」が真実だったとしても、それを昔若かった、今は若くない家内に言ってはいけなかったのです。

それから数年して女性特有のタグ・クエスチョンの存在を知りました。タグは本体に付けられている小さな札です。**女性は聞きたいことがあると、本当に聞きたいことには言及せず、別の些《さ》細《さい》なこと（タグ）を質問するというのです。**オ・ソ・ロ・シ・イ話です。

家内の「あなた、若い娘が好きね」もタグです。私はタグ・クエスチョンに正直に答えてしまった愚か者でした。タグが付けられた本体への正しい答えは「若い娘もいいけど、お前のほうがもっと好きだよ」なのです。

同様に「あなた最近忙しそうね」というタグ・クエスチョンに対する正解は「そういえば、最近一緒に出かけてないな。週末は一緒にどこかへ行こう」です。タグにつられて「そうなんだ。大変だよ」などと答えることがないように、くれぐれも注意しなければなりません。

こうしたことがわかるようになると、自分に注意を向けてほしくてすねていじける人が（たとえ年を重ねていても）、ある意味で可愛らしく、愛おしいものです。何か、可愛らしく、愛くるしい存在は好かれるのです。その意味で、若い女性を露骨にひいきする上司にムスッとしている人も、私は大好きです。

不機嫌のキッカケ 3

あの人ばかり楽しそうでズルい

「比べて悲しむと己を失う。比べて喜ぶと人を傷つける」は豊島学由というお坊さんの言葉として伝わっている名言です。

自分が不幸であるとか、ダメ人間であるというのは、個人の問題です。だれと比べなくても不幸であり、ダメなはずです。だれかと比べてしまえば、相対的な不幸やダメでしかなく、本質が見えてきません。

三人で徒競走をして一位が十秒、二位が十五秒、三位が二十秒だったとして、三位の人が「私は一位と二位の人に比べてダメだ」と言っているようなものです。本質の「自分は二十秒だった」ということを忘れて自己批判しても仕方ありません。

一方、一位になった人が「他の二人に比べて私は速い」と言えば、事実ですが二位と三位の人が傷つくでしょう。「私はあなたよりお金持ちだ」は「あなたは私より貧乏である」と言っているのと変わりありません。だから、比べて喜ぶと人を傷つけるのです。

冒頭の豊島さんは「(だから)比べないほうがいい」と言いたいのです。相対ではなく、比べても左右されない絶対の立場で物事の価値を見ていこうとする僧侶らしい言葉です。

しかし、つい比べてしまうのが私たち。

ある日、地方の講演会から帰宅すると、家内が「あなたはいろいろな所へ行って、美味しいものをご馳走になっていいわね」とうらやましがりました。家内のこの言葉は前項で触れたタグ・クエスチョンなので「今度、旅行して美味しいものを食べよう」と答えました。

しかし、家内の問題は、私が旅先で美味しいものをご馳走になっていることと、寺で留守番して余りものを食べていることを比べていることなのです。人が楽しんでいる時と自分が楽しんでいない時を比べればうらやましいに決まっています。

本当なら、私が会場までの道中に講演内容のチェックで景色を楽しむ暇もなく、ご馳走していただいている間は主催者に気を使い、講演中も臨機応変に話を変えている苦労と、その間、寺でのんびり過ごしている家内も比べないとフェアではありません（今の家内は比べることから卒業しています）。

他人の楽な時と自分の大変な時を比べてモヤモヤするなら、他人の大変な時と自分が楽をしている時を比べれば、モヤモヤは解消します。

否、それ以前に、やはり、比べることからは離れたほうがいいですよ。

不機嫌のキッカケ 4

人づきあいは面倒だが孤独も嫌

好きで自分が選んだ道なのに、軽はずみに選んでしまった自分に呆れて、モヤモヤを払拭できないことがあります。人生百年と言われる時代ですから、気力や体力が充実している四十代くらいまでは、仕切り直しは充分可能でしょう。しかし、仕切り直しをせずにその場で途方に暮れているようでは人生が何回あっても足りません。

人間関係に疲れて、苦手な人となるべく関わらないようにする一方で、新しい友だちもいらないという道を選ぶ人がいます。

しかしこの世の中、何かを得れば別の何かを失う、あるいは別の何かがもれなく付随してくるのは自明の理です。

苦手な人と関わらないのは、自分に同意してくれるオトモダチ集団の中に身を置くようなもので、心を磨く材料をむざむざ捨てているようなものでしょう。苦手な人の言動にこそ、自分が円熟していくための、またとない材料があるものです。

愚痴ばかり言う人、自慢話ばかりする人、人の非難ばかりしている人を受け入れられないのは、その人の心情を理解しようとしていないからです。

賛同できなくても、理解できるようになれば苦手度は減ります。

新しい友だちを作らないためには、新しい出会いがある場所に出かけなければいいのですが、そうするとどんどん行動半径が狭くなり、それにともなって心も狭くなっていきます。**友だちの定義にもよりますが、「知り合い」程度に思えば、新しい知り合いを無理に拒絶する必要はないでしょう。**

人間関係を少数に絞り込む選択をすれば、一人でいる時間が増えていくのも覚悟しないといけません。その時間をどう過ごすかも考えておかなければなりません。

一人の時間が増えれば他との関わりが少なくなるので、だれかの役に立つという承認欲求も満たされないことになります。一人で気軽な時間を得たぶん、人の役に立てる存在価値を確認する場を捨てることになるのです。

そのようなリスクがあることを予想せず、自分の都合だけを叶えることは不可能です。

古歌に「**しあわせは、いつも三月花の頃、お前十九でわしゃ二十歳、死なぬ子三人親孝行、使って減らぬ金百両、死んでも命がありますように**」があります。

一人のほうがいい、でも寂しいのは嫌だなんて言っているわがままな人は、この古歌を笑っている場合ではありません。

不機嫌のキッカケ
5

役割をこなすだけで一日が終わってしまう

「どうして仏さまはたくさんいるのですか」という質問に答えるために小道具を作ったことがありました。一辺が十五センチほどの四角い箱の中に電池内蔵の電球を入れて、六つの面に丸、三角、四角、星などの異なった形の穴を開けました。

箱の中の電球がさまざまな仏さまの本体で、密教では大日如来、法華経《ほけきょう》では久遠実成《くおんじつじょう》の釈迦と呼びます。この本体を四角い穴から見れば観音さまに見えます。丸い穴から見れば阿弥陀さま、三角の穴ならお不動さま、星型から見ればお地蔵さまという具合です。

仏さまがたくさんいるのは、膨大な数の面がある多面体の面に開けられた異なった形から本体の電球を見ているようなものです。本体の仏さまをやさしさという穴から見れば観音さま、心を不動にして一歩踏みだす勇気という穴から見ればお不動さまになるのです。

この小道具を作った頃、私は自分が箱の中の電球だとしたら、どんな形の穴が開いているのだろうと思いました。

一般の人は僧侶という穴から私を見るでしょう。檀家からすれば住職、家内からは夫、子どもたちからは父、私の両親からすれば子ども、バスに乗れば乗客という穴から私が見られているのです。中心の私から見れば、たくさんの役割という穴を通して外界とつながっているのです。

人生が一つの芝居にたとえられることがあります。この芝居の中で、私は男、子ども、夫、父、僧侶、住職など、さまざまな役を務めます。一人二役どころではありません。その実、すべて私で、私がすべての役を務めています。八面六臂《はちめんろっぴ》どころではありませんからじつに愉快です。時には役の使い分けも必要ですが、どんな役でも奥を探っていけば〝私〟にたどり着きます。

数々の役をこなすことに精一杯で、本来の自分でいられる時間がないと感じてモヤモヤすることがあるかもしれません。

しかし、自分の時間などなくてもいいのです。一人旅に行ったところで旅人という役を、宿に泊まれば宿泊客という役を、交通機関を利用すれば利用客という役を、否応なく務めることになるのです。

もともとすべて自分の時間です、もともとすべての役割が丸ごと自分なのです。楽しんで芝居を続けていきませんか。

不機嫌のキッカケ 6

上から目線で意見された

人の価値観はさまざまです。それにもかかわらず、マンションを買った人に「一戸建てのほうがいい」と主張する人、猫を飼い始めた人に「犬のほうが良かったのに」、車で来た人に「電車のほうが早くて、楽なのに」と自分と違ったやり方をしたことを責めるように言う人もいます。自分のほうが正しいと思い、それを相手に押しつけようとするのですから、まったく困った人たちです。

しかし、もっと困った人たちがいます。それは、そんな些細なことでいちいち不機嫌になる人です。

自分が選んだことは、自分なりに正当な理由があったでしょう。その理由に自信があれば、自分と違った意見を言われた時にも「そういう考え方もあるのはわかっている。それも考えた。でも、いろいろ考えた末にこうしたんだ。自分で選んだんだから、その責任を取る覚悟はしている」と言ってもいいし、それは頭の中で思うだけにして、**口では「その選択肢もあるかもね」と軽くスルーしておけばいいのです。**

もちろん、会社組織などの上下関係の中で、上の価値観を押しつけられた場合はそれに従うしかないでしょう。組織は効率優先や経済優先など、同じ価値観を共有していなければ、仕事がスムーズに進みません。それが嫌ならば会社を辞めるしかありません。

目上の人が目下の人に自分の成功体験、失敗体験から導きだした価値観を共有してもらいたいと思うのは、経験の少ない人が失敗しないようにするための、いわば〝転ばぬ先の杖《つえ》〟で、仕方のないことです。その価値観はその人なりの自信と覚悟の表れなのです。

一方、組織外の家庭などでは、自分の価値観を最優先にするしかないでしょう。

家内はよく「あなたは自分が正しいと思っているでしょう」と言います。この時「お前だって、そうではないか」と家内を責めるオロカな真似はしません。結婚して二十年経った頃には「そうかもしれない。今、鏡を見せるから、同じことをもう一度言ってみな」と言えるようになりました。価値観の違いからくる夫婦喧嘩の多くは、この程度のユーモアで回避できるものです。

だれかに押しつけがましいことを言われたら、言葉の最初に「私は」、最後に「と思う」が省略されていると思って聞けばいいのです。

「(私は)一戸建てのほうがいい(と思う)」、「(私は)犬のほうがいい(と思う)」、「(私は)電車のほうが早くて楽だ(と思う)」という具合です。これで「なるほど、あなたはそう思うのですね」と上機嫌でいられます。

不機嫌のキッカケ 7

オフィスや街の音がうるさい

日本でもっとも多く写経されているお経に、二百七十文字ほどの『般若心経』があります。すべての物事は条件によって変化してしまう諸行無常の原則から外れることはないので、固有で不変の実態はないという空《くう》を説き、だからこだわらないほうが心はおだやかでいられると説き進め、最後に、それに気づく智恵を得る呪文を紹介して終わります。

このお経の前半部分の中に、古代インドの人間存在の分析に触れた部分があります。私たちは、体という物体と、目や耳などの感覚器官と、その感覚器官を通して脳に送られた情報の認識作用の集合体だというのです。

目でとらえるのは形や色で、網膜から視神経を通して送られた情報をもとに「これはリンゴ。パイにすると美味しい。シリトリでは八割以上の人がゴリラにつなげる」などと認識します。

耳でとらえるのは音で、鼓膜から神経を通して脳に送られた情報をもとに「これはチャイムの音。イギリスのビッグ・ベンの鐘の音がもとになっている。何かの終わりか始まりを告げる合図の音」と認識します。

こうした一連の流れは、鼻、舌、皮膚、心でも行われています。

しかし『般若心経』では、形や色にも不変の実態はないし、それを見る目も老眼になったり白内障になったりするのだから不変の実態はないと説きます（こんなに詳しくは書いてありません）。音も湿度や風向きによって変化するので不変の実態はないし、耳アカが溜まったり、耳鳴りがしたりしていつも一定の機能を維持しているわけではない、だから「これはこういうものだ」なんて思い込みは捨てたほうがいいと説いていきます。

かつて、赤ちゃんの泣き声にイライラしていた私は、わが子が生れてからはちっとも気にならなくなりました。「泣くことで肺や心臓が丈夫になるのだ、命の雄叫びだ」と思えるようになったのです。

爆音を響かせて走るバイクの音も、「運転している君が、そのくらい大きな声が出せたらすごいねぇ。スロットルをひねればだれだって出る音を出しても、偉くないよ」と笑顔で聞けるようになりました。

フードコートのざわつきや、オフィス内のさまざまな雑音も、音だけに反応すれば、音に敏感な人はその場にはいられないでしょう。その音を出している人の営みに思いを馳《は》せると、雑音もビューティフル・ノイズに変換されて認識できることがあるものです。

不機嫌の
キッカケ
8

優柔不断をどうにかしたい

彫刻家ロダンがダンテの『神曲』からインスピレーションを得て作ったとされる作品に「地獄の門」があります。日本では上野の西洋美術館と静岡県立美術館にありますが、この門の上部にあって門を通る人を見て何か考えている彫像が、単体でも有名な〝考える人〟です。

ひょっとすると「二度と出られぬ地獄の門をくぐるとは……。どうしてそんなことになったのだ」と思案しているのかもしれませんが、考えすぎてそのまま固まってしまったと感じる人もいるでしょう。

安請け合いして迷惑をかけるなど、熟慮せずに軽々に行動してしまったせいで、痛い目にあう人はたくさんいます。そんな経験をして、慎重の上にも慎重を期して物事にあたる人がいます（危機管理がしっかりしている人といってもいいかもしれません）。

しかし、慎重になりすぎて後れを取ったり、本当なら三つできたことが一つしかできない人もいます。石橋を叩いて渡る人、叩いてもまだ橋の耐久性を信用しないで渡れない人、自分の検証に自信が持てずに橋のたもとで思案する人もいるでしょう。煮え切らない自分に嫌気がさすこともあるかもしれません。

こんな時は、本当に橋の向こう側に行きたいのか、行かなければならない理由があるのかをハッキリさせることが肝心です。行かなければならないなら、叩かずに渡る覚悟も必要です。途中で橋が崩れたら泳いで渡るか、別の橋を見つければいいのです。

「善は急げ」と言いますが、仏教でも「(心がおだやかになるために)良いと思ったことはやってごらんなさい」と説きます。

危機管理が好きな人は、そんな性急なやり方をして失敗したらどうしようと心配するかもしれません。しかし、仏教では善も悪も時間を経過した時点でしか評価できないとします。**過去にやったことが今の〝心のおだやかさ〟につながっていれば過去にやったことは善です。今やったことが未来の〝心のおだやかさ〟に資するなら今やったことは善です。やってみないと良かったかどうかはわからないのです。**

思慮深く考え抜いて二つの選択肢に絞り込めたら、あとはコインでも投げて表裏で決めればいいでしょう。考え抜いた結果の二つなら、どちらも正解。どちらを選んでもたいした違いはありません。選んだほうを正解として進むのです。

そこでも「でもなぁ」と考えていれば、お悩みメリーゴーラウンドに乗ったまま、人生はすぐに夕暮れになってしまいます。

不機嫌のキッカケ
9

いい加減な人がうらやましい

テーブルの上の紙が斜めに置かれているとまっすぐにしたくなる、礼節を重んじて年上の人に尊敬・謙譲語で接するなど、人間関係を含めて、ものごとがきっちりしていないと気がすまない人がいます。

ものごとはそうあるべきだという信念なのか、そうするものだと何となく思っているのか、そうすることで気持ちが良くなる性格なのか……。いい加減な私にはその理由はわかりませんが、しっかり生きたいと思っている人がお手本にするには最適でしょう。

お寺で月に一回やっている写仏《しゃぶつ》（線画の仏さまを和紙にトレースするプチ修行）では、絵や写真からお手本を毎回作ります。忙しいのを理由に、私は参加者のうちお二人にこの作業をお願いすることがあります。生き方も性格も几帳面な二人が仕上げてくださるお手本は、プロの作品と見紛うほどの出来です。お手本がしっかりしていないと、トレースされる姿は、伝言ゲームのように元の形が崩れて、尊さやありがたさのないものになってしまいます。元になるものはしっかり、きっちりしていたほうがいいのです。

ところが、きっちりしている人は、車のハンドルで言えばアソビがないので、大変です。

「いい加減な人、適当な人は楽そうで、うらやましい」とおっしゃいます。

逆に、いい加減な人は「しっかりした人がうらやましい」と言いません。

それどころか能天気に「きっちりしている人は可哀そうだ」と同情さえします。そこがいい加減な人の真骨頂でしょう。

きっちりした人は、「善いことをしなくてはいけない」とピンポイントで目標を目指しますが、適当な人は「悪いことさえしなければ、それでいいんじゃない?」と目標に最終的に近ければそれでいい、大した違いはないとします。その心の余裕が、さまざまなことに臨機応変（行き当たりばったり）に対応できるおおらかさを生むのかもしれません。

きっちりしたものを土台にいい加減さを身につければ、向かうところ敵なしです。

江戸初期の名君と言われた備前岡山藩主池田光政が十四、五歳の頃、京都所司代の板倉勝重に「民を治めるには、四角の箱に味噌を入れて、丸い杓子《しゃくし》で取るように計らえば宜しいと存じます」と言われます。それでは隅々まで行き届かないと反論する光政に、勝重は「国事は寛《ゆるやか》でなければ、人心は得がたいものでございます」と答えたと言われます。出典は巻末でご紹介しますが、〝ゆるやか〟と読ませる寛容の「寛」が、心おだやかに生きるキーワードの一つだと思うのです。

不機嫌のキッカケ
10

寝るときに「今日あった嫌なこと」が甦《よみがえ》る

嫌なことがあって、寝る時にもそれを思いだして悶々とすることがあります。冬眠に入る熊のように、居心地のよい姿勢を探し、寝返りをうち、枕をひっくり返し、ため息をつきます。しかし、長い人生ですから、布団に入るたびに嫌なことをフラッシュバックしているのは、愚の骨頂です。そんな夜を凝りもしないでくり返すために生れてきたわけでもないし、そんなことをするために大人になったわけでもありません。

それに気づいてから、自分なりに上手く眠りに入る方法を見つけることにしました。

だれかに嫌な目にあわされた時は、「**あなたが悶々としているこの時間に、あなたを嫌な目にあわせた人は高いびきで寝ている**」という言葉を今一度かみしめます。そうすると、気に病んでいるのが馬鹿馬鹿しくなって、それまでチクチクと心を刺していたイライラのトゲの先端が丸みを帯びてきます。

自分の失敗が悔やまれて寝られない時は、「**過去は過ぎ去った、未来はまだ来ない**」という言葉を反芻します。何がどうなって事態が好転するかわかりません。明日は明日の風が吹

く と納得すれば「ああすれば良かったのに」という過去への未練は薄まっていきます。
あるいは、「**この嫌なことも二週間後には、笑って人に話せるようになるだろう**」と思うだけでも、マイナス思考の線路が、仲間が笑顔で待つホームに続く線路に切り替わり、気持ちが楽になります。

このように、視点を未来に移すことで、アメーバーのように心を浸食していた嫌なことを、とりあえずカプセルの中に封じこめて動きを止めることができます。

呼吸で息を吐く時に、自分のイライラやモヤモヤした気持ちを一緒に吐き出すイメージをするのも効果があります。

私は、夜の間に小人たちが素晴らしい靴をつくり上げて、貧しい靴屋を助けるグリム童話の『小人の靴屋』さながらに、朝起きるまで、嫌な気持ちが外に吐き出されつづけることをイメージしながら布団に入ることもあります。

努力しても嫌なことが甦って寝られない時は、あきらめて本を読みます。本を読んでも目が文字を追うだけで、内容に集中できないこともありますが、すぐに感情移入できる種類の本（私の場合は推理小説）を見つけられるのも、寝られぬ夜を幾度も過ごした成果の一つでしょう。

不機嫌のキッカケ
11

暇になると、うつうつとしてしまう

私はほぼ毎日ブログを更新しています（飲みすぎた日を除く）。

あちこちで「今日一日何もなかった、何も感じなかった日などあるはずがありません。もしないなら、それは心のアンテナの感度が鈍っているのでしょう。感性のアンテナを張って充実した日々を過ごしましょう」と話したり、書いたりしているので、それを実践していることをお知らせするのが目的です。文章を書く練習にもなるので、本を書かせてもらっている間は、読者へのアフターサービスの一環として続けようと思っています。

私のブログを読んで、私が毎日忙しくいきいきと、いろいろなことをやっているように思っている方がいるのですが、その中に、いきいきと生きていない自分を卑下する人がいます。忙しく、ハキハキと動いている人を見て、暇な自分に罪悪感を抱いているようなのです。スケジュール帳にぎっしり予定が入っていると安心するタイプの人です（以前の私です）。

野生のライオンや飼い猫を例にするのは極端かもしれませんが、彼らは獲物を狩る時以外は暇そうにしています。だからといって、彼らが不幸でないのは明らかです。

何もすることがないからといって、自分を卑下する必要もなければ、罪悪感を抱く必要も

ありません。

しかし、人の命は老少不定《ろうしょうふじょう》。いつ、どんな病気になるか、いつまで生きていられるかはわかりません。人生百年時代を迎えた日本でも「百年、夢幻の如し。稲妻の閃《ひらめ》きに異ならんや」と先人たちが言ってきたように、人生に残された時間は悠久ではありません。ですから、無為（為すこと無し）に時間を過ごすのはもったいないと思います。

私は体力の衰えを感じるようになってから、我武者羅に動きまわるのをやめたので、いくらか暇な時間が増えました。そこで気づいたのは、暇な時間は何にでも使えるということでした。体を休めてもいいし、心を豊かにするために娯楽に使ってもいいでしょう。いざという時に役立つ準備として見聞を広め、勉強しておくこともできます。何もしないことにどれくらい耐えられるかに挑戦してもいいでしょう。

私の座右の銘の一つに「**暇な時間は、忙しい時よりずっと多くのことが得られる**」があります。

忙しい時間ばかりすごしていれば、やったことを心の中で整理する時間がありません。整理するから、寄り道や回り道も無駄ではないとわかり、陰で自分を支えてくれた人の恩にも気づけるのです。暇な時間をあなどらないほうがいいですよ。

不機嫌のキッカケ 12

もっと評価されてもいいはずなのに

「苦労する身はなに厭《いと》わねど、苦労し甲斐のあるように」は、苦労するのはかまわないが、せめてその報いがありますようにと願った昔の人が作った音が七・七・七・五の都々逸《どどいつ》。

自分の努力に対する見返りを求めたくなるのは人情でしょう。頑張った結果として給料があがる、有名になる、褒められるなど、自分が求めるような見返りが返ってくればうれしいものです。

しかし、実際にはそんなことはほとんどありません。

上司が陰になり日なたになって、段取りをしたり、根回しをしたり、万が一の時の対応策を考えておくなど苦労をしているのに、部下がそれに気づかず、上層部もその努力を評価してくれなければ、自棄《やけ》のやんぱちで不機嫌にもなるでしょう。これは、自分の努力に対して自分が正当だと思う見返りを期待していることから起きる現象です。

この「正当だと思う見返り」がクセモノなのです。自分では5を期待していたのに3しか見返りがなければ、上機嫌ではいられません。どこを見ているのだ、何を考えているのだと言いたくなり、不満がつのります。

そのような時は、期待している見返りそのものを見直せば心はおだやかでいられます。人情を扱う講談や浪曲のセリフの中には、苦労した人に「よく辛抱してやった。あなただからできたんだ。あなたのような仲間を持つことを誇りに思うよ」などのねぎらいの言葉をかける場面が登場します。

その時、「**千僧万僧の読経より、今の一言がありがたい**」や「**あなたがわかってくれているだけで、幾万の援軍を得たような心持ちがします**」と返します。この場合、「あなた一人がわかってくれていれば、それでいい」というレベルまで、見返りの期待度を下げることで満足したのです。

また、自分がやったことに対して早急な見返りを求めるのも考えものでしょう。私はご詠歌（在家のための伝統的な讃仏歌）を教えているのですが、生徒が上手に唱えても、私はすぐに褒めません。一度はまぐれで上手くできることがあります。二度上手く唱えられても偶然かもしれません。三回できれば実力ですから、その時になってやっと褒めます。

期待するような見返りが得られない時、私は見返りなど求めずに精一杯咲いている花に近づいてじっと見ることにしています。そうすると、自分も精一杯やるだけやれば、それでいいと思えて、にっこりできるのです。

不機嫌のキッカケ
13

なぜ、あの人が私より厚遇されるのか

修行を積んでいる僧侶は、感情が荒ぶらないと思われるかもしれませんが、そんなことはありません。人間ですから感情はあります。

しかし、それにふりまわされることが少ないか、荒ぶった感情を落ち着かせるスピードが早いのです。

たとえば、自分が正当な評価を受けていないと思い、上機嫌ではいられなくなったとしましょう。この場合、私が思いつく原因は二つです。

一つは、自分と同等か下だと思っている人が好評価を得ているのに、自分が正当に評価されていないと感じる時。他人と〝比べた〟結果として憤懣《ふんまん》がつのる場合です。

この場合、妬みの矛先は同僚に向かい、不信の雲が誤った評価をしている会社や上司を包むでしょう。

もう一つは、他人はどうあれ、自分が正当な評価を得ていないと感じる時です。

かつてどこかの保険会社が「専業主婦の仕事に給料を払うとしたらいくらになるか」をアンケートした結果、多くが旦那のサラリーより多かったという結果が出て、世の亭主族が困惑したことがありました。

この場合も、主婦の憤懣や不信感は正当な評価をしてくれない夫や家族に向けられ、勤め人ならば会社や上司に向けられるでしょう。

修行を積んだ僧侶は、右のような分析をすぐに行い、解決方法を見つけようとします。**どうしてそんなことをするかといえば、心おだやかに生きていきたいという大きな目標があるからです**。

この時、正当な評価を得て心おだやかにしようとは考えません。正当な評価を得られなくても心おだやかでいられる方法を考えるのです。

他の人に比べて今は正当な評価を受けていないけれど、見る人は見ているだろうから、今は自分がやれることをやっていこうと、自分の信じる道を進みます。

人を見る目がない人から認められても、あまり意味はありません。嫌な人に可愛がられれば、嫌な目にあうのは目に見えていますから、心おだやかになれません。嫌な人に与《くみ》して、その仲間と思われて信頼を失い、心が乱れることもあるでしょう。いずれにしろ、他からの好評価を期待しないで、自分がやれることをやるしかありません。

正当な評価を得られなくてもくさることはありません。

周囲からの評価を気にせず、自分で自分に正当な評価をしてこの世を去っていく気高い人は、世の中にいくらでもいるのです。

2章

孤独の9割は
不機嫌がモトです

不機嫌のキッカケ 14

不機嫌にしていると実はラクだ

困っている人がいたら、何とかしてあげたいと思う心やさしい人はいるものです。困っている人だけでなく、不機嫌そうな顔をしている人を見ても、心やさしい人は「どうしたの？」と関心を持ってくれます。自分が持っている知識や力を他の人のために役立てられるのは、自尊心を充分満足させてくれるので、嬉しいのです。

しかし、そこまで心やさしい人はごく少数です。

大半の人は、不機嫌そうな顔をしている人のそばには近づきません。不機嫌な人は負のオーラを発していて、そのオーラの奥に何を隠し持っているかわかりません。へたに口を出せば「いいんです。放っておいてください」「あなたには、私の気持ちなんかわからないでしょう」と冷たい言葉の刃を向けられるかもしれません。「私がどうして不機嫌かわからないの？　自分の胸に聞いてみたら？」と透き通るほど真っ赤に焼けた火箸のようなセリフを目の前に突きつけられるかもしれません。ですから、触らぬ神に祟《たた》りなし。不機嫌そうな人からは離れていたほうが安全なのです。

驚いたことに「不機嫌にしていると相手が気を使ってくれるのでラク」と罰当たりなこと

を考える人がいるそうです。相手の関心をひくためにわざと不機嫌を装うのです。

一度や二度ならいいかもしれませんが、頻繁にやればわざと不機嫌な顔をしているのは、だれの目にも明らかです。

人のやさしさを逆手にとって甘える人とつきあうのはこのうえなく面倒ですから、だれからも相手にされなくなるでしょう。そうなれば、本当に不機嫌にならざるをえません。

しかし、時すでに遅し。「オオカミが来たぞ」と嘘を言いつづけた少年が、本当にオオカミが来た時にだれにも信じてもらえずに食べられてしまったという「オオカミ少年」の話のように、本当に不機嫌になっても気を使ってくれる人は、もういません。

私たちは、思い通りにならないことがあると不機嫌になります。しかし、世の中は人間関係から天気に至るまで、自分の思い通りにならないことばかりです。思い通りにならないからといっていちいち不機嫌になっていれば、一生を不機嫌で過ごさなければなりません。自分の力で思い通りになりそうなら努力すればいいでしょう。

しかし、自分の力ではどうすることもできないとわかれば不機嫌は解消していきます。上機嫌にはなれないでしょうが、不機嫌でないだけましです。いい大人がいつまでも不機嫌な顔をしていてはいけません。

不機嫌のキッカケ 15

普通にしてるのに「怒ってる?」と言われる

人が不機嫌かどうかは、顔の表情を見ればわかります。眉間にしわを寄せていたり、目がつり上がっていたり、口がへの字になっていたり……。

ところが、困ったことに単なる加齢でも同じような形相になります。

老眼でものが見えづらくなるので、眉間にしわを寄せてなんとか見ようとします。顔面の筋肉が衰えてくるので口角が下がります。いわば健全な成長（老化とも言いますが）の結果です。

私の父は五十歳を過ぎたころから初対面の人にとって、恐い人という印象を持たれていました。黙っていると顔の造作が不機嫌のそれになってしまっているのです。私は長く一緒にいたので、恐いと思ったことはありませんでした。

しかし、さてさてＤＮＡとは偉大なもの。父似の私も五十歳を過ぎて、今でこそ「おはよう」「こんにちは」「こんばんは」と挨拶する仲になった人に「最初に会った時は、恐い人だと思いましたよ」と言われるようになりました。

私は元来、自分でも他人でも、人に対する第一印象がその後どう変わるか知るのを楽しみにしています。ほとんど趣味みたいなものです。

もちろん、第一印象よりも実際のほうがずっといいことが実証されるのが愉快なのです。アインシュタインがベロを出している写真が残っていますが、同じように、不愉快なことがないのに無愛想、不機嫌な顔をしている人が、実は底抜けに明るかったというサプライズが面白いのです。普段は難しい顔をしている人が時折見せる笑顔は、その人をよりキュートに見せるものです。

私は人の手と顔は、その人の人生の勲章だと思っています。日焼けして、しわだらけになり、血管が浮きでたお年寄りの手を見て、不機嫌そうな手だと思う人はいないでしょう。顔も同じです。

鏡を見て、自然体なのに不機嫌そうな顔をしているのが嫌ならば、女性週刊誌やネットで調べれば、口角を上げたり、眉間にしわを寄せなくてもすむトレーニングは、山と出てきますから、実践すればいいでしょう。

しかし、私は思うのです。

宮沢賢治が願ったように、いつも静かに笑っている人になりたいなら、賢治のように仏教を勉強して、自分をとことん大肯定して、人助けをする人生を歩むのです。

不機嫌のキッカケ 16

最近、新しい出合いがない

ネット上で目にする悩みの中には、愚痴とも相談ともつかないものがたくさんあります。その中に、本気でそんなことを他人にアドバイスしてもらいたいの？　自分で解決しようと思わないの？　と思いたくなるものもあります。

たとえば、「人づきあいが苦手で、ストレスになる人とつきあわないようにしたら、妻としか話さない生活になってしまった」というものがありました。

私の友だちがこんな愚痴をこぼしたら、「何を言っているの？」と呆れること必定です。「雨の日に傘をささないで歩いたら濡れてしまった」と文句を言っているのと変わりません。まあ、愚痴とわかっているなら、常套句の「まだあなたはいい方だ」ですみます。「私など、雨の日に傘をさしていたのに濡れたんだから」で話を終わりにすればいいのです。

しかし、そんなつまらないことでも、相談されたら友人として解決方法を提示してあげるしかありません。

問題解決のルートは、たとえばこうです。まず、「妻としか話さない生活になった」ことを仕方ないと思っているのか、嫌なのかを明らかにします。妻とだけ話せればそれでいいと諦めているのか、本音は他の人ともっと話がしたいのか、ということです。

妻とだけでも話ができるだけマシと思っているなら、それで問題は解決です。

もっと他の人ともつきあいたいという思いがあるなら、次のステップに進まないといけません。

ストレスを感じない友人を新たに作れればいいのでしょうが、「人づきあいが苦手」が出発点なのですから、いまさらストレスレスの友人を作ることなど論外でしょう。

残るのは、苦手な人づきあいを克服するしかないでしょう。話をするのは妻だけという生活から逃れる術は、それしかないように思われます。

相手に合わせるのが大変なら、適当に合わせて上手くやっている人の真似をして練習すればいいのです。

もっとも簡単なのは、母親が子どもを育てる時に使う秘技〝オウム返し〟。「傘をささなかったので濡れちゃって」には「そうですか、濡れましたか」でいいのです。

人づきあいが苦手な人は、自分が考えているよりゆるい人間関係でいいとすればいいのです。

不機嫌のキッカケ 17

「私の人生って…」と虚しくなる

人は三十歳を過ぎると、我が身の「来《こ》し方行《かたゆ》く末《すえ》」に思いを馳せることがあります。これまでの自分の人生は何だったのか、そして、これからどこへ向かおうとしているのかと立ち止まるのです。

そんな時に、思いだす言葉がいくつかあります。

三十三歳で早世した作家中島敦の作品に『山月記』があります。そこに、詩人の才能を開花させて名をなそうと思っていた男が挫折し虎に変身していく中で、山中で出合った旧友に叢《くさむら》から己の人生を述懐する場面があります。

そこで出てくるのが「人生は何事をも為さぬには余りに長いが、何事かを為すには余りに短い」という、中国古典に精通している作者らしいセリフ。

何もしなければ人生は長く、何かしようとすれば一生では足りないと思うのは、四十代半ばを過ぎないと実感できるものではありませんが、知っておけば、今のうちにやるべきことをやっておこうと励みになりますし、やるべきことをやってこなかったのだから仕方がないと諦める手助けにもなります。

「自分の歩いている道がどこに向かっているのか、時々立ち止まって考えてみる」は、私が自分で作った座右の銘の一つです。

仕事や趣味などの自分がやっていることがこの先どう決着するのか、せっかちや怒りっぽいなどの性分をそのままにしておくと、どこに行き着くのかを予想したほうがいいと思うのです。行き着く先が自分の望む所でなければ、道が大きく逸《そ》れる前に、こまめに軌道修正したほうがいいと思うのです。

もう一つの私が作った座右の銘は「**人生はいつだって、未だ意味づけされていない未意味。意味は自分で作るしかない**」です。古今東西、多くの人が人生とはこういうものだという名言を残していますが、それはその人だけに当てはまることで、全人類に当てはまるものではありません。そもそも、人生に何か意味があるのかさえ、誰にもわかりません。意味があるはずだと思いたいのはわかりますが、それは単なる思い込みでしょう。

私たちは生れた時から、白いキャンバスに自分で絵を描いてきたようなものです。その時々で絵にタイトルを付けることができます。人生に意味があるとしたら、そのタイトルのことです。「無意味」「クソ」とタイトルをつけるのも、「我武者羅」「五里霧中」と冠するのも、「夢の途中」「最先端」とするのも、その時々で、その人の自由なのです。

不機嫌のキッカケ 18

軽く扱われて面白くない

人が不機嫌になる理由はさまざまです。

自分はもっと丁寧に、誠意を持って接してもらっていい経験や才能を持ち合わせた、それなりの立場の人間なのに、軽く扱うとはけしからんと憤慨している人がいるようです。

そういう方は、テレビ時代劇の「水戸黄門」のシリーズを観て、考え方を改めたほうがいいかもしれません。黄門さまは自分が商店の隠居として軽く扱われたからといって、不愉快になりません。権威を笠に着れば庶民が心を開いてくれないのを承知なのです。同じように、地位をひけらかしたり、自慢しても、周囲はその威風になびくことはなく、かえって心を閉ざしてしまうでしょう。

他にも軽く扱われてしまう理由はあります。

自分にはこんな有名な友だちがいる、息子（娘）が社会的に地位の高い仕事についているなど、他人の褌《ふんどし》で相撲を取ってばかりいる人。このタイプの人は頼りになりません。

任されたことを途中で不貞腐れて投げだす人。「やります」と言ったのにやらないのですから嘘つきです。嘘つきは信用できませんから、軽く扱われるのは仕方ないでしょう。愚痴ばかり言う人、自分はできないのに人の非難ばかりする人も尊重されることはありません。マイナス思考のおかげでこちらも不愉快になります。愚痴ばかり言う人は何でも愚痴の種にしてしまうので、新しい信頼関係が生れる見通しは低いでしょう。

軽く扱われてしまう人は、昨日今日、急にそうなったのではありません。人を不愉快にすることを幾度となくくり返しているのです。一度なら大目に見てもらえても、二度目には「こういう人かもしれない」と思われ、三度目になれば「重きを置くに足らぬ」と、長い時間をかけて相手に確信させてしまっているのです。相手は一緒にいても不愉快にならない人とつきあっていればそれで充分なので、挽回するのが難しくなります。

人から軽く扱われるような失敗をした時に「やってしまった」と気づき、反省して、それまでのやり方を変えられれんことをお祈りします。

人から扱われる軽さを嘆くより、自分の心を軽く柔らかくしたほうがいいですよ。

もちろん、人を軽く扱っていいわけではありません。軽佻浮薄な人に敬意をこめて接することは難しいでしょうが、あまり期待せず、「この人なりにこれが精一杯なのだろう」と慈悲の心で接してあげられたらいいですね。

不機嫌のキッカケ 19

趣味は続けたいが「あの人」が苦手

水墨画や書道、茶道、華道をやってみたいと趣味の会に入ったのはいいけれど、世話役の人柄が気に入らず、続けるか迷っている人がいました。

その場所が嫌だからといって、別の場所に異動しても、そこにもソリが合わない人、気に入らない人がいるのは当たり前です。

実際にそのように多くの会を渡り歩く渡世人のような人はいるもので、一つの場所で折り合いをつける努力をしないかぎり、どこにも自分の居場所は見つからないでしょう。

自分が習得したいことがあるのに、人間関係でつまずく人を見聞きすると思いだす『忠臣蔵』の中の一つのエピソードがあります（史実ではありません）。

元禄十四年三月に赤穂藩主の浅野長矩《ながのり》が江戸城で吉良義央《よしなか》を切りつけた罪により即日切腹、お家は断絶の沙汰がおります。家老の大石内蔵助の計らいによって家臣たちにお金が配分されますが、お金を受け取ったあとに事後処理の会議に出席しない家臣の中に、甲州流の軍学者近藤源八がいました。ところが、浅野長矩の敵討ちに加わっていた吉田忠左衛門は、日々近藤のもとに通っていました。

それを知った浪士が忠左衛門に「あのような不忠義で卑怯者の近藤のところへ、なぜ通うのだ」と詰問します。すると忠左衛門は毅然として答えます。

「源八は甲州流の軍学をなかなかよく極めております。よって、私が通っているのは人ではない、その業《わざ》の許《もと》へ通うのでございます。修めれば味方の利益、虫けら同様の人間のみを見てお騒ぎなさるのは大人気ない。しかし業は得がたい、どうじゃ、おわかりかな」

いさぎよい決着のしかただと思います。**趣味であろうと何であろうと、極めたい業があるなら、先生や世話役の人柄は二の次と割り切ったほうがいいでしょう。**

もう一つ、あちこちを渡り歩く人が注意しなければならないのは、新しいところで気に入られようと、前のところの悪口を言ってはいけないということです。

そんなことを言っても新しいところの人は少しも喜びません。「ああ、この人はここで気に入らないことがあれば、次のところでまたここの悪口を言うに違いない」と思われるのは、わかりきったことです。

趣味だけでなく、次々に職を変える人にも同じことが言えるかもしれません。気をつけたいものです。

不機嫌のキッカケ 20

仲間が嫌な人と仲良くしている

自分とソリが合わない嫌いな人と、自分と仲の良い人が仲良くしているのを見たり、SNS上で知ったりすると、不愉快になる人がいます。だれと仲良くしようとその人の自由なのに、それが許せないのは、恋人に浮気されたような気持ちなのかもしれません。

そんな時は、「自分を認めてほしい」という承認欲求を友だち（同僚も含みます）に求めすぎている自分と、友人を束縛しようとするわがままを反省するチャンスです。

恋愛真っ最中の恋人同士ならば、「私だけを認めてオーラ」や「あなたは私だけのものオーラ」に包もうとするのは仕方ないでしょうが、友だちの間でそれを求めるのは愚です。

他の人があなたの望みだけに合わせた考え方や言動をしなければならない理由は、地球上のどこを掘っても出てきませんし、見当たりません。

あなたも、さまざまな人と話したり、遊んだりするでしょう。その中には、あなたの知り合いとソリの合わない人もいます。人はそれぞれ、一つの大きな円のような心のパーソナルスペースを持っています。あなたが持っているように、他人も持っているのです。

仲の良い人は、互いの円が重なり合った共通項で仲良くしています。仕事仲間、飲み仲間、遊び仲間、趣味の仲間など、円が重なる部分はさまざまです。

知り合いが他の人と仲良くすると嫌な気分になるのは、自分以外と接点は作るなと束縛しているようなものです。その一方で、自分は他の人たちと接点を持っているのですから、自分勝手の番付があったら横綱です。


くり返しになりますが、人はそれぞれ自分の周囲にスペースを持っていて、パソコンのディスプレイ上のスクリーンセーバーのように自由に動きまわって人生を送っています。

重なる部分がない、あるいは接すると反発するボールのようにソリが合わないと思っていた人でも、生き方が変化して、新たに共通部分ができることもありますし、昔は気づかなかった共通部分を発見することもあります。「えっ？　私たちって遠い親戚なの？」とびっくりしたり、「へぇ、あの時、同じライブ会場にいたなんて」と偶然の不思議に感激したりするのです。

それが人生の面白さでしょう。

知り合いがだれかと親しくしていても、滅入らなくていいのです。それぞれが、自分の人生の中を楽しく動き回っています。そんなことを感じながら電車やショッピングセンター、テーマパークなどで、マンウォッチングしてみてください。

不機嫌のキッカケ
21

家族の団らんに入れない

私たちにネガティブな感情がわいてくるのは、いつだって、自分の都合通りにならないことが起きた時です。ここから仏教の「苦は自分の都合通りにならないこと」という定義付けがされるようになったことは「はじめに」でふれました。

その一例が、「こうしたい」という都合があれば、苦は日常の至るところで発生する可能性があるのです。家族のたわいもない雑談に入りたいのに、それができずに不機嫌になる人。不機嫌な顔をしたままいつの間にか席を立って自室へ戻るお父さんがいたり、コンビニに買い物に行ってしまう子どももいます。

経験上、家族の中で雑談に加われないお母さんたちはあまり見たことがありません。世の母親たちは子どもが生れると、否、お腹にいる時からずっと子どもに話しかけ、言葉が話せるようになった子どもの話を聞くたゆまぬ努力を重ね、井戸端会議などでコミュニケーション能力を磨いてきたからでしょう。母は偉大です。

さて、雑談は私たちが日常の中で多く遭遇する場です。結論が出ない（出そうともしない）非建設的な会話は、自他ともに認めるせっかちな私も得意ではありません。いわんや、常に目的を持って合理的に動いている会社組織の運営方法に馴染んでいる人にとって、雑談は時間の無駄とさえ思うでしょう。

しかし、ここが考えどころです。

家族も一つの組織として和を保つという目標のために同じ屋根の下に集まっている仲間です。その和を保つために、一見非合理的と思える雑談が果たす役割の大きさや、雑談に入れなくてもその場でニコニコしていることの大切さを再認識すればいいのです。

雑談に入れないのは自分の関心事が狭い範囲に限られている証でしょうから、日頃からいろいろなことに興味を持つ感性を磨くしかありません。〝広く浅く〟でもいいのです。その好奇心さえあれば、「隣の家の犬の鼻が乾いているんだ」という話にでも「へぇ、風邪でも引いたのかねぇ、気の毒に」と相槌を打つように返事ができます。そこから「隣の家と言えば」「犬と言えば」「風邪と言えば」と雑談の輪を広げることは難しくありません。

話に加わるための努力をするか、海がどんな川の水でも黙って受け入れるようにその場を楽しめるように広い心を持つか。雑談に加われないことが多い人は、その練習をしないと何度もある雑談タイムを一生不機嫌で過ごすことになります。

不機嫌の
キッカケ
22

妻の料理に注文をつけたら大変なことに

「妻が作る料理がまずいのですが、料理にどうコメントすれば角が立ちませんか」という無茶な質問をする人がいました。味がないとか、食材に火が入っていないなどのコメントをすれば角が立つどころではなく、奥さんの頭にツノが生えて「文句があるなら、自分で作ればいいでしょ」と、楽しいはずの食事の場が修羅場になるでしょう。

この場合、奥さんの反論のほうが的を射ています。文句があるなら自分で作ればいいのです。

家庭は共同生活の場です。家庭内でやるべきことがあれば、だれかがそれをやっています。炊事、洗濯、掃除など、それをやる時間がある人がやるという、じつにシンプルな構造なのです。それを自分以外の人がやるのが当たり前だと思えば、衝突は避けられません。

古今東西、自分の好きなものを妻が作ってくれないという夫の愚痴は多いようです。ある年配の女性は「スーパーへ行った奥さんが、旦那の好きな料理よりも、子どもが好きな料理を考えて食材を買う時代になった」と嘆いたことがありました。また、ある人は「料理の中に変なものを入れられるよりはましですよ」と、嘆くご主人をなだめていました。

家庭で作られる料理に関する、こうした悲喜こもごもの話を聞いているうちに、私は「一人の主婦の料理のレパートリーはどのくらいだろう」と思いました。主婦歴三十五年の私の家内は何も見ないで作れる料理は五十種類ほど。多いほうでしょう。他にも料理番組で見た料理がその日の食卓に供されることは少なくありません。どれも美味しく作ります。

しかし、私が食べたい料理ばかりが出るわけはありませんし、毎食ごとに私が食べたい料理があるわけでもありません。家内が作った食事を批判すれば、面倒なことになるのは長年の経験ですでに承知しています。

そこで、食べたい料理があれば、ネットでレシピを調べて、月に数回は私も台所に立ちます。家内が二品、私が一品作れば食卓に三種類のおかずが並びます。「文句を言うなら自分で作ればいい」と言われる前に、自分で作ると同時に、二人の共同作業で食卓をにぎわせているのです。これも夫婦円満の一つのコツだと思います。

最後に、まずい料理が出た時の秀逸なコメントをご紹介します。全国の料理を紹介するテレビ番組のレポーターが降板して「食べた料理がまずかった時は、どうコメントしていたのですか」という質問をされた時、彼はこう答えました。『**『死んだオヤジに食べさせてやりたかった』です**』。幸いにも、私はまだこの言葉を家内に使ったことはありません。

不機嫌のキッカケ 23

部下がライバルと呑んでいて不愉快

プライベートの時間を、誰とどのように使うかは個人の自由なのですが、自分は自由に使っているのに、他人がそれをやると不愉快になることがあります。

友だちが他の人間と遊びに行っている写真がSNSなどにアップされているのを見て「どうして私ではないのだ」と不愉快になる人もいます。

自分が誘われなかったBBQ《バーベキュー》などの話で盛り上がると「なぜ私を誘ってくれなかったのだ」と不安になる人もいます。

会社の中では、部下が自分と同期のライバルとよく呑みに行っているという話が風の便りに聞こえてきて「私の悪口でも言っているのか」と不機嫌になる人もいるそうです。

ここに共通するのは、嫉妬でしょう。

『大辞林』では〈人の愛情が他に向けられるのを憎むこと〉とあります。私ならば、最初に〈自分に愛情を向けてほしいのに〉と補足するかもしれません。いわば、相手を束縛しておきたいという所有の欲求と、自分に注意を向けておいてほしいという承認欲求の二つがねじれて、一本の棒のようになっているのでしょう。

　このねじれた心の問題を解決するには、ねじれてからまっている欲求を引き離して、一つずつ処理するのがいいでしょう。

　物ならば自分のそばに置いておきたい、持っていたいと思えばそれができます。しかし、相手が人間ではそれは無理です。冒頭で述べたように、誰とどのように過ごすかは個人の自由です。仕事中はともかくとして、プライベートの時間を上司である自分と一緒に過ごせというのはパワーハラスメントです。社会を巨大な公園にたとえれば、誰がどこで誰と過ごそうと自由です。自分が公園の外からそれを見ているならうらやましいと思うかもしれませんが、自分もその公園の中にいるのですから、別の遊び相手を探せばいいのです。

　そして、自分に注意を向けておいてほしいという承認欲求を、他人にかなえてもらおうとしているかぎり、トランプのタワーのようなもので、いつ瓦解するかわかりません。それを回避して、いつでも心おだやかでいるには、やることをやっている自分を、自分で認める心の習慣をつけることでしょう。

　嫉妬する前に、なぜ相手は自分を選ばなかったのかと相手の事情を推察すれば、自分なりに納得のいく答えが出るでしょう。その手順を怠ると嫉妬の心が形を変えてあなたを蝕《むしば》み不愉快にしてしまいますから、気をつけたいものです。

不機嫌のキッカケ 24

この歳でこの仕事って…

三十代半ばになったのに職場で最年少のために、いつまでもお茶汲みをしている人がいました。「このまま定年までお茶汲みをしないといけないのでしょうか」と意気消沈している様子です。私は「はい、残念ですが、定年までお茶汲みをしないといけません。そんなことは早く諦めてしまいなさい」と答えました。

最近では男性がお茶汲みをする職場も、各自がお茶を入れる職場も増えてきたそうですが、仕事はいくつもの歯車が互いにかみ合って動きます。お茶汲みなんて歯車はいつでも交換可能な歯車で取るに足りないものだと思いたくなるのはわかりますが、お茶汲みも大切な歯車の一つです。

仕事につく前には、最初は下働き、徐々に経験を積んで上の立場になり、やがて下の人の面倒をみたり指導するようになるのが当然と思うかもしれません。しかし、実際に仕事を始めると想像と大きく違うことは、佃煮にできるくらいあるのです。

時々、人間関係に疲れたので僧侶になりたいという人がいます。僧侶の世界は他人とあまり関わらず、だれにも邪魔されずに自分のペースで生きていけると思っているのでしょう。

しかし、それは違います。僧侶の世界でも人間関係は複雑です。僧侶になってわずらわしい人間関係を避けたいという願いそのままに自分勝手に生きれば、僧侶仲間だけでなく、檀家や信者からも信頼されることはありません。信頼されなければ布教することもできません。信頼できない人にお布施をくれる人もいないでしょう。

完全な自己完結の仏教など、現在の日本ではありえないのです。そもそも、お釈迦さまが自己完結していたら、仏教は現在まで伝わっていません。

ですから、**人間関係に疲れたと僧侶になっても、わずらわしい人間関係があることを覚悟しないと〝こんなはずではなかった〟と意気消沈することになります。**

だれかがやらなければならないなら、自分がやろうと思えばいいのです。お茶汲みは最年少の人の仕事だと思っているなら、自分が最年少のうちはお茶汲みをしなければならないと覚悟すればいいのです。

定年まで最年少なら定年までお茶汲みをするのは当たり前とさわやかに考えて、つまらないプライドは捨てた方がいいですよ。

社内でお茶汲みを任せたら右に出るものはいないと言われるような達人を目指すのも悪くありません。

不機嫌のキッカケ 25

お局様にイライラ…

弱い犬ほどよく吠えると言われますが、そんな弱虫がベテラン女性社員を「お局《つぼね》」と呼ぶことがあります。『広辞苑』では〈俗に、勤続が長く職場で隠然たる影響力を持つ女性を揶揄《やゆ》していう語〉とあり、『明鏡国語辞典』では〈(俗)職場でいばっている古参の女性従業員〉とあります。

俗に言われるお局の影響範囲の中にいたことがない私にとって、お局は女性なのに男性社会の中でよくがんばっている人、仕事の内容をよく知っている経験豊富な人、細かいことによく気がつく人、後輩を育てようとしている人というイメージです。

ですから、身近にそんな人がいたら、多少言葉にトゲがあろうが、感情的になることがあろうが、頼りにしますし、敬意だって払うでしょう。そんな私はお局親衛隊の異名を取ることになるかもしれません。

お局という言葉を揶揄として使う人の心情については、多くの分析がされているように、男性が同じ立場ならば揶揄しませんから男尊女卑の傾向があり、アドバイスを受けても積極的にチャレンジしようとしない傾向があるそうです。いわば差別主義者で消極的な弱い犬が、遠くからワンワンと吠えているようなものです。

どんな組織にでも老若何女を問わず、仕事ができたり、政治力があったり、経験豊富な人なのに人間的にアウトな人はいるでしょう。自分の保身ばかり考えて、上の顔色をうかがい、下には高圧的な態度に出る人はいます。火のない所に煙を立てて他人の失脚を目論み、それとなくその犯人が自分であることを匂わせて、誰も歯向かわないように画策する、俗物図鑑があったらその表紙を飾るような輩《やから》もいます。

そんな人がそばにいたら、誰でも不機嫌になるでしょう。その力に屈伏せざるをえない自分の不甲斐なさや悔しさを「理に勝《か》って非に落ちるか……」とつぶやいて、長い物に巻かれる生き方をせざるをえない人もいるでしょう（「理に勝って非に落ちる」は、道理の上では勝っているのに、現実的には（権力者や裏工作の前に）屈服せざるをえないこと）。

職場で「女のくせに」と思うようなら、これからの日本で暮らしていくのは辛くなります。「ベテランだと思って偉そうに」とバカにするのもやめたほうがいいでしょう。ベテランは数多くの成功や失敗の経験をしている偉い人なのです。

「お局」と揶揄する人は、果たして揶揄するだけの実力が自分にあるかを疑ってみたほうがずっと上機嫌でいられます。

不機嫌のキッカケ 26

ギャンブルで負けると感情をコントロールできない

ギャンブルにはまってしまう人の理由は、気分転換、快感、現実逃避などさまざまですが、依存症ならば、WHOも認定するれっきとした脳の病気です。

かく言う私も学生時代から卒業後まで合計四年間ほどパチンコにはまっていた時期がありました。お小遣いが決まっている中で、働かずにゲーム感覚でできる臨時収入源だと自分に言い訳していたのです。もちろんトータルで大損しています。

ある時、パチンコ台の前で「こんなことに時間を使っている場合ではない」と、ふと思いました。すぐに手持ちの玉を隣の席の人に「使ってください」と譲って店を出ました。その足で本屋へ行き、本を買って明るい喫茶店で読み始めた記憶があります。

ふと思ったことがきっかけだったのですから、いわばワンチャンスでパチンコから卒業したことになります。調べてみると、ギャンブル依存症を治すには数年かかるのが当たり前だそうですから、私は依存症にはなっていなかったのでしょう。

ギャンブルは、娯楽としてやっても負ければ不愉快になります。勝った時の快感、愉快さを脳が求めているので、たとえトントンでも、勝てなかっただけで満たされない気持ちになります。

そして明記しておかなければならないのは、ギャンブルは勝つよりも負けることが多いという事実です。ですから、ギャンブルは不愉快の元を自らせっせと作り出しているようなものですし、不機嫌の種を自らまいて育てていると申し上げても過言ではないでしょう。

ギャンブルの社会的な問題として、借金と嘘が日常化すると言われます。私は借金こそしませんでしたが、休講になったと友人に嘘を言い、授業がないのに学校へ行ってくると親に嘘をついて、パチンコ屋の喧騒の中に紛れ込んだ覚えがあります。

自分の行為を正当化するために嘘をつくだけでも、自分はダメな人間だと自己否定することになるでしょう。まして、嘘をつくことに後ろめたさを感じなくなれば、社会的な信用は得られなくなります。

ギャンブルで負けると不機嫌になってしまう人は、ワンチャンスを活かして、自分がギャンブルをする理由を早めに分析してみてください。

気分転換が目的なら別の方法はないか、快感を得たいのなら別の手だてはないか、現実逃避が目的なら他の手段はないかを探すのです。ギャンブルをする時間があるなら、それを考えた方が有意義な時間が過ごせますよ。

不機嫌のキッカケ 27

「口がへの字になってる」と言われる

落語の中で、こちらが真面目な話をしているのに、相手が笑っているのを見て怒る場面があります。

「真面目な話をしているってぇのに、なぜ笑ってんだ」
「なぜ笑ってるかって？　そりゃ可笑しいから笑ってるんだ。悲しくて笑えるか」
と、愉快な会話が展開されます。

この会話はさまざまな応用が可能で、私もよく使います。

「何をそんな不機嫌そうな顔をしているの？　口がへの字になってるよ」
↓「口がへの字だぁ？　そりゃ機嫌が悪いからだ。神武《じんむ》以来《このかた》、機嫌が悪ければ口はへの字に曲がるって相場が決まってるんだ。への字が嫌だからって『や』の形にしたり、器用だからって『ゑ』の字になんぞできるものか」

「腕組みなんかしてどうした？」
↓「そりゃ腕組みをするんだから考え事をしてるんだよ。呑気にあくびをしている時に腕組みしている奴なんか見たことないだろう。犬や猫なんぞは考えるってぇことをしないから腕組みをしないんだ」
——こんな具合です。

このように、不機嫌を責められた時でも、ユーモアで対応すれば、相手は「ダメだ、こりゃ」とおとなしく引き下がってくれます。

ちなみに腕組みは別名「腕あぐら」と言われ、行儀の悪いものとされています。たとえ人の話を聞いているようでも、腕組みをしていれば相手の話などまともに聞かず、自分の中で思考が渦巻いている証拠。自分は次に何を言おうか思案しているので相手に対して失礼です。私はそれを知ってから、腕組みしたくなると腕を8の字を描くように何度もひねって、行儀の悪い腕あぐらを回避するようになりました。

腕あぐらと同様に、口をへの字にするのにもそれなりの理由がありますが、不機嫌なのは明らかですから近寄りがたい雰囲気を発散していることになり、まわりはコミュニケーションを取りづらくなるでしょう。

不機嫌な気持ちに正直になって口をへの字にするのは結構ですが、それでは自分に正直なだけで、他人に対して不誠実です。それに気づいたら、「**こんなことで不機嫌になる自分はまだまだ。それをそのまま表情に出す自分もまだまだ**」と不機嫌をゴクリと呑みこんで、なるべく笑顔でいましょう。

練習すればできるようになりますよ。

〝笑顔にまさる化粧なし〟です。

3章

〝他人の目が気になる〟に効くヒント

不機嫌のキッカケ
28

何を言われても怒らないキャラと思われている

話をしている時に、自分がどんな人間なのかを言うことがあります。こちらがどういう人間かわかって、会話やつきあいをしてもらえば、誤解される可能性は少なくなります。「私ってすぐ悩んでしまうタイプなんです」「ものごとをあまり気にしないほうなんです」などの具体的なこともあれば、血液型を教える人もいます。

他にも、さそり座、天秤座などの星座、はてはコアラ、ペガサス、子鹿などの「動物占い」の類にまで、もはやどんな性格なのか見当がつかないことを言う人もいます。自分がどんな人間か知っているようですから、何年も自分探しをしてきたのでしょう。

こうした自分探しの結果、自分の性格を「キャラ」と表現する人がいます。テレビに出る芸人たちが演出上の個性をキャラと呼ぶようになって、一気に市民権を得た言葉です。キャラは、個性や性格を表す英語「キャラクター」の省略ですが、劇や小説、マンガなどの登場人物、配役という意味もあります。自分の性格をキャラと表現する人の中には、自分の人生を芝居に見立ててその役を演じているつもりの人がいるかもしれません。

私たちは自分で自分をこういう人間だとだいたいわかっています。これを「第一の自分」

と言います。そして、周囲から思われている「第二の自分」がいます。

「私は何を言われても怒らないキャラと誤解されているようで、最近カチンとくることが多いんです」と愚痴をこぼす人がいました。この場合、第一の自分は「たまにはカチンとくることがある人」です。そして、周囲から見られている第二の自分が「何を言われても怒らない人」です。

通常、あなたが思っているあなたと、他人が思っているあなたの間には、大きなギャップがあります。

しかし、社会で生きていれば、正しいのは第一の自分ではなく、悲しいかな、第二の自分のほうです。

人前で怒ったことがなければ「何を言われても怒らない人」と思われるのは仕方ありません。私たちは、圧倒的に第二の自分として見られているのです。「私はそんな人間ではありません」と世界の中心でいくら叫んでも、その声は届きません。

そして、第二の自分を認めた上で出てくるのが「第三の自分」という新しいキャラです。

何を言われても怒らないと思われているならたまに怒ったり、不《ふ》貞《て》腐《くさ》れたりしてみるのもいいでしょう。第一の自分と第二の自分のギャップを埋めて、第三の自分で生きていくと〝わかってもらえない〟とモヤモヤすることが大幅に減ります。

不機嫌のキッカケ 29

SNSで書かれたネガティブなコメントが気になる

ネット社会はこれまで人類が経験したことがない社会です。発展途上ですから、無法地帯同然。

何が許されて、許されないのか、使い手たちも手さぐりで右往左往、あちこちで思惑がぶつかり、騙し騙される人、喧嘩する人、失敗して落ち込む人が続出します。

その中で、SNSは場所と時間を選ばずに好きな時に他人と繋《つな》がれる、さびしがり屋、自己顕示欲旺盛な人、承認欲求が強い人にはもってこいのツールでしょう。

しかし、相手の表情が見えない文字によるコミュニケーションは、大きな危険性をはらんでいます。

「昨日、好きだったAさんから告白された」という書き込みに対して、「ウッソー、信じられない」という文字のコメントがあった場合、素直な祝福を表す「良かったね」という意味にも、「そんなことがあるはずがない」という虚偽を疑う「ウッソー」にも取れます。

グループ内で発信した内容を、グループの誰かがシェアしたり、転送したりすれば、その内容は極悪非道な人間を含めて、全世界の人が見る可能性があります。そして、一度拡散してしまった情報は、そのすべてを消去することは不可能です。

他にも、ネット上には食事場所のランキングや「○月○日に地震が来る」など、嘘の情報がてんこ盛りです。こうしたことは、発展途上のSNSを使う上で最低限知っておかなければならないことでしょう。

しかし、自己中心、否、自己優先の傾向が強い人は、知っていても翻弄されます（私たちは自分の考え方でしか動けないので自己中心なのは当たり前です。問題なのは、他人より自分の都合を優先する自己優先の人です）。

さびしがり屋、自己顕示欲が強い人、承認欲求が強い人は「いいね！」を含めて、自分が期待している反応がないと不安になります。言い換えれば、他人に甘えているのですが、他人が期待通りに反応しなければならない理由など、どこを探しても見つかりません。

自分の書き込みに対してネガティブなコメントが寄せられて不機嫌になるなら、みんなに気づかれないように、そっとSNSから離脱したほうが、精神衛生上ずっといいでしょう。

大丈夫。あなたがSNS上からいなくなったことに気づく人なんて、ほとんどいません。あなたが思っているほど、他人はあなたに関心を持っていないのです。

不機嫌のキッカケ 30

相手にされなくなってきた…

社会の中で生きている人は、三つの願いがあるそうです。「愛されたい（存在を認められたい）」「役に立ちたい」「褒められたい」です。確かに、このうち一つでも願いが満たされていれば、私たちは社会の中で前向きに生きていけるでしょう。

「愛されたい」は、「ああ、あなた、そこにいたの？ 気がつかなかった」なんて言われないことで、注意を向けられているということです。「役に立ちたい」は、たとえ相手が感謝してくれなくても相手のために何かできればそれで満足という思い。「褒められたい」は、自分がやったことに対して良い評価をもらいたいという願いです。

私がこうして本を書いているのも、右の三つの願いを満たそうとしているからにほかなりません。執筆依頼があったのは私が認められている証です。本を書くことで誰かの役に立てれば嬉しいと思います。そして、いい本だと褒めてもらえれば「書いて良かった」と思うでしょう。ひいては「書くために生きていて良かった」とさえ思うでしょう。

ところが、これらの欲求はすべて〝他人に頼っている〟点が落し穴です。私を認めてくれる相手が必要ですし、誰もいなければ、役に立とうとしても一人相撲になります。褒めてくれるのも他人です。言い換えれば「他人あっての欲求」であり、「他人の存在や気づき、そして他人からの好評価の上に立った自己肯定感、自己実現」なのです。

困った話です。

こうした状況に直面するのは、定年を迎えた人、リストラされた人、高齢者施設に入った人などでしょう。それまで、自分の存在が社会の中で何かしらの役に立っているという実感があったのに、誰からも相手にされなくなってしまえば、生きている意味がないように思うこともあるでしょう。

そうならないために、自分を認め、何かの役に立っていることを納得させ、褒めてくれる、もう一人のナニモノか（神、仏、先祖など）を自分の心の中に持っておくのです。〝本当の自分〟や〝もう一人の自分〟と言ってもいいでしょう。

やれるだけのことは自分でやっておかないといけませんが、「やれるだけやっている。何かの役に立っている。たいしたものだ」と自分で自分を認めるのです。

手っとり早いのはお墓参りです。お墓参りをした後にスッキリした顔になる人が多いのは、心に投影された先祖に認めてもらった気がするからだと、現場にいる住職は思うのです。

不機嫌のキッカケ 31

自分が一番でないと気がすまない

二〇一〇年の新語・流行語大賞にノミネートされた言葉に「二位じゃダメなんですか」があります。時の政府による「次世代スーパーコンピューティング技術の推進」事業の仕分けで出た言葉でした。一番がいいと思ってがんばっている人がいる一方で、もっとのんびり、自分らしさを大切にしたいと思っていた人には〝我が意を得たり〟の心持ちがして、力強いエールに感じられたことでしょう。

世の中には一番でないと意味がないことがたくさんあるでしょう。スーパーコンピュータの性能などは国を挙げてのプロジェクトで、世界一になることが技術力、精神力などを世界に示して、国（民）の自尊心や自己肯定力を維持し、増すためには必要なのかもしれません。しかし、流行語に選ばれたのは、他を蹴落としてまで一位になろうとする人への皮肉として多くの人の琴線に触れたからでしょう。

知り合いのお寺では、除夜の鐘を一番に突くために、早朝から家族に並ばせて整理券を確保する人がいました。何でも一番がいいオヤジさんです。事業をいくつも手がけていました。

一生懸命なのはいいのですが、思考が狭くなりがちで、人の意見にはあまり耳を貸しません。取り巻いているのは利を求める人が多いようでした。

彼の一番が何を意味するのか、よくわかりません。除夜の鐘にしても、第一打が打たれる前に番外として住職が一度突いてしまうのです。おまけに本堂へお参りする人や御神籤《おみくじ》を引く人は、一月一日の午前零時を待って並んでいるのに、彼が打つ鐘はまだ大晦日のうちです。事業も地域で一番の多角経営なのか、親族の中で一番の有名人なのかがわかりません（きっと両方でしょう）。上には上がいますから、別の見方をすれば順位は下がります。それを承知で「この部分で一番」が彼にとってとても大切なのでしょう。

右のような冷めた書き方をすると、一番を取れない、取ろうと努力もしない奴の遠吠えだと思う方もいるかもしれません。

しかし、一番でないと満足できない人は、追従を恐れ、一番でいつづけるために家族や人間関係を犠牲にするので、心おだやかではいられません。

私はやせ我慢ではなく、本当に順番や順位にはこだわらないように心がけています。それが心おだやかに生きるためには大切だと思っているのです。

一番でないと気がすまない人は、心おだやかになれないことを覚悟して生きてください。

不機嫌のキッカケ 32

「人に厳しすぎる」と言われる

心が強い人は「そんなこと気にしなければいい」と平然と言いますが、弱い人ややさしい人は〝そんなこと〟を気にしてしまいます。目上の人から「だれが考えても、そのやり方はおかしいだろ」「そんな考え方をしているから、こんなことになるんだ」と言われれば、全人格を否定されたように感じて、ひどく落ちこんだり、鬱になることもあります。

その結果、同情の目は弱者に注がれ、強者は弱いものいじめをする傲慢な人間として映り、敬遠されることもあります。「部下の鬱を私のせいにされて社内で冷ややかな目で見られる」などと困惑する人が出てくるのです。

強者の中には、自分は悪いことをしていないと思っても、周囲の反応から「やりすぎた（言いすぎた）かもしれない」と反省する人もいるでしょう。「かもしれない」でもいいので、少し反省すれば、弱い人の気持ちが忖度できるようになり、今後余計な敵を作らなくてすみます。反省を次につなげる人こそ、本当の強者かもしれません。

しかし、自分に非はなく、勝手に鬱になった相手が弱すぎると思うなら、信頼できる人に

「なんだか、私が悪者になってしまっているんだ」と愚痴をこぼせばいいのです。

あらぬ非難を浴びて不機嫌になった時には、この方法が現実的な対応かもしれません。愚痴をこぼせば「いや、あなたは悪くないよ。誰だってそのくらいのことは言うと思うよ」と共感してくれる頼もしい人がいるものです。

信頼できる人がいない人の中には、「べつに、人からどう思われてもいいですよ」と開き直る人もいますが、これでは強者ではなく、駄々っ子です。

そもそも、心の底から人からどう思われてもいいと思っている人は、「へぇ、そうなんだ」と気にしません。このタイプの人は、私の経験上、二つに分かれます。

一つは「人は人、自分は自分」と鋭利な刃物で切ったように分けて考えている人。このような人は他人に共感してもらえないので、孤立の道を歩むことが多くなります。

もう一つは、相手は気の毒だけれど、自分としてできるだけのことをやったので、わかる人はわかってくれているから余計な言い訳や開き直りは必要ないと覚悟している人です。

人からあらぬ嫌疑をかけられたら、問題を整理してどうやって切り抜けるかを考えるといいですよ。

不機嫌のキッカケ 33

不本意な異動・降格をさせられた

「汚名返上」と「名誉挽回」を混同して汚名挽回と言ってしまうと、「汚名を挽回（取りもど）してどうするつもり?」とニヤニヤされてしまいます。

似た間違いで「力不足」と「役不足」があります。力不足は力が不足しているという意味で、役不足は自分の能力に対して役目が軽すぎるという意味です。ですから「私が会長なんてとんでもありません。役不足でできません」と言えば、相手は狐につままれたような顔をしながらも「それは申し訳ありません。会長になるのが満足できないなら、名誉会長とか顧問くらいでないとダメですか?」と非礼を詫《わ》びることになります。

自分の才能や力量を知っているつもりの人が、その才能や力量を活かすどころか、低く見られることがあります。

営業で抜群の成績を収める人が倉庫番になる。ブルドーザーにベビーカーを引かせる。家庭用掃除機で机の上の消しゴムのカスを吸いとる。これらはどれも、他の方法で使えばもっと利用価値があるのにそれをしない（させない）役不足の例です。

その人や物の能力を知っている人からすれば、その能力を活かさないのはもったいないと思いますが、「この人（物）はこれに使おう」と決める人は、別の所にいるのでどうしようもありません。

会社などで、本人にとっては不本意な異動や降格が言いつけられた場合には、どうすることもできないでしょう。

自分は第三者からはその程度に見られていたのだと納得するしかありません。山を登っている人は、自分が何合目にいるのかわかりません。それがわかるのは麓《ふもと》から見ている人なのです。

あまり考えたくありませんが、その人を辞めさせたいために異動や降格がおこなわれることもあると聞いたことがあります。

自分の才能を活かしたければ、事前にアピールしておくことも必要だったかもしれません。あるいは潔く会社を辞めて、自分の才能を活かせる場に移るのも一つの方法でしょう。

仕方がないとあきらめて淡々と仕事をこなすか、異動や降格した場所で精一杯やる覚悟をするか、別天地で両翼を広げて羽ばたく勇気を出すか……、私なら三日間で決断するでしょう。不平をいつまでも言いつづけ、悶々としているのはもったいないと思うのです。

不機嫌のキッカケ 34

周囲の目が気になり、電話が苦手

電話の応対に苦手意識を持っている人は少なくありません。かく言う私もその一人でした。相手の表情が見えませんし、口の動きもわからないからです。逆に、電話なら顔が見えないからいいけれど、面と向かって話すのが恥ずかしくて苦手な人もいるでしょう。

電話でも対面でも口ごもってしまうのは、相手の真意を理解できていないかもしれないという不安と、自分の考えや意見に自信が持てないことによるものでしょう。

相手の言おうとしていることが何なのかを理解して、的確な言葉を返すためには、何度も誤解し、失敗をくり返すしかありません。そして、これは私たちが子どものころから何度もやってきたことです。

「十時十分前に集合」と言われて、十時十分の前と誤解して十時五分に行ったら本当は九時五十分だったという愉快な勘違いもあります。中には午前十時と午後十時を間違ったという人もいるでしょう。そんな間違いから多くを学べば、相手の真意をくみ取ることは難しくありません。

自分の考えや意見も、経験からどんなことを学んだかによるでしょう。仕事の流れや、トラブルの可能性などを知っていれば、電話での対応も自信を持ってできるでしょう。

その自信のなさが滑舌や発音に表れて、相手だけでなく応答を聞いている周囲の人にも「自信のなさそうな人」と思われてしまうこともあります。

そんな時は、まず、「なるほどぉ」「それはですねぇ」と語尾が伸びていないかチェックしてみてください。**語尾が伸びていれば頼りなく聞こえます**。

他には、**ハ行の音を明確にする練習を楽しくすることをお勧めします**。ハ行の言葉は、息をしっかり吐いて発音しないとチャランポランな人に思われてしまいます。「おアよう」ではなく「おハよう」ですし、「森とアやし（林）」ではなく「森とハやし」です。

私は法話の前に次の言葉をハッキリ、ゆっくり言います。アナウンサーになるわけではありませんが、楽しく毎朝一回やると電話の応対も楽になるはずです。やってみてください。

「橋の端《はし》の橋膳で、浜鍋八杯喰ったらやっと腹八分目になった。瀕死の使者が渋谷から日比谷へ必死で疾走《しっそう》した。へべれけに酔っぱらってへなへなへたばった。東北放送特派員。ほらふきのほら平、うっかり本音をはいたら堀の中へほうり込まれてほうほうの体《てい》」

不機嫌のキッカケ 35

飲み会が苦痛…

飲み会などで、自分は他人から親しみにくいと思われているような気がすると、勝手に思い込んでいる人がいるようです。せっかくの飲み会ですから、楽しく愉快に、上機嫌に過ごしたいのは誰でも同じ。「私は親しみにくいキャラなのだろう」と勝手に思い、一人でお酒をチビチビやっているのが寂しいなら、改善したほうがいいでしょう。

もし本当に親しみにくいのなら、その理由があるはずです。その理由をまず探すのです。自分の思っていることを「これはこういうものだ」と全世界の共通認識のように断定的に言っていないか。腕組みをして話をする人によく見られることですが、何でも決めてかかれば、聞く耳を持っていないと思われるのは仕方ありません。

話が途中なのに「要は」「結局」「どうせ」を連発して、すぐに話をまとめてしまっていないか。さまざまな話が出るから楽しいおしゃべりができるのです。話の途中で「要はやるか、やらないかだ」「結局、人それぞれだしね」「どうせ死んじゃうんだから」と言えば、話は広がるどころか、収束して終わりになってしまいます。そんな人とおしゃべりしたいとは誰も思わないでしょう。

自分のことしか話さない人も親しみにくいものです。承認欲求が強いのかもしれません。そのために他人のことに関心を持てず、自分のことしか話せないのです。

話すことが、愚痴と批判に終始している人もアウトでしょう。

昭和の落語家・古今亭志ん生さんが、ラジオの公開収録を終えてスタッフ十人ほどで打ち上げをした時のこと。宴席が盛り上がっている中で、隣にいたアナウンサーに「一番はしっこに座っている人、あまり話に加わっていないようですけど、今日、何をしてくださった方で、名前は何て言うんですか」と聞いたそうです。担当と名前を伝えるとその人に向かって「○○さん、今日はありがとうございました。あなたのおかげで気持ちよく噺ができましたよ」と言って、盃を上げたそうです。そのように、大勢がいる場でも、志ん生さんはそこにいる全員のことに気を配っていたのです。

宴会の目的は、自分が上機嫌になることではなく、いわんや自分の意見発表の場でもなく、みんなで上機嫌になることです。

そのために全員が集まっているのです。その目的を忘れずに少し努力して、周囲に関心を持てば、敬遠されることは少なくなり、自分も周りの人も上機嫌でいられるようになります。

不機嫌のキッカケ 36

いまだに人見知りが直らない

自分のことを「人見知り」と公言する大人がいます。

手元の電子辞書の『広辞苑』『明鏡国語辞典』『大辞林』『新明解国語辞典』を調べてみると、人見知りは子どもに見られる対人反応で、「初対面の人に対して極端にはじらう成人の性質についても言う」とあるのは『新明解国語辞典』だけです。

ですから、国語的には、いい大人が「私、こう見えても人見知りでして」などと言うのは恥ずかしいことなのです。

人見知りについて『ブリタニカ国際大百科事典』では「生後六カ月頃から始まる、見慣れない者が近づくと微笑を示さなくなり、さらに恐れを示すようになる反応」「人見知りは八カ月頃から激しくなり、一年近くで消えるものであるが、環境によっては二〜三年も続くことがある」とあります。これを読んでも、大人は人見知りなどしてはいけないのです。

初対面の人が恐いのは、多くの人と出会っていないからでしょう。多くの人と会えば、相手が鬼でもなければ蛇《じゃ》でもないことがわかります。相手が誰であろうと、向こう三軒両隣に住む人とたいした違いはありません。相手も自分もこの世に生を享《う》けた人間同士なのです。

物怖《ものお》じしない奴だの、人を食っているのと、私のように言われるのは如何かと思いますが、敬意を忘れなければ相手が誰であろうと、ひるむ必要はありません。初対面の人だからと恐れる必要もありません。**自分が口下手だと思うなら、不安にならずに口下手なりにニコニコして、相手にだけ関心を持っていればいいのです。**

古歌の「裏を見せ表を見せて散るもみじ」は良寛の歌として伝わっていますが、この歌の意味をより広く、わかりやすくするために、後に「裏ももみじ表ももみじ」が加わったものも伝わっています。

人見知りのあなたも、見慣れた人なら大丈夫なあなたも、同じあなたです。表裏があっても、全部まとめて自分なのだと認めていきましょうという意味です。

表裏があると何かと大変なのは仕方がありません。私の場合、お酒が入れば表の建て前はもろくも崩れ去り、〝酒口に入れば、知恵頭から出る〟というありさまで、裏の本音でしかしゃべらなくなります。その本音が素敵なら、建て前は必要なくなるでしょうが、私はまだまだ。玩具のでんでん太鼓さながらに、表裏を交互に見せて忙しく自分を鞭打《むち》っています。いつか、表裏なく人生を生きたいと思っています。

人見知りや口下手は、時間をかけて折り合いをつけて直していけばいいのです。

不機嫌のキッカケ 37

弁が立つ人にいつも負けてしまう

日本の社会が一つのムラ社会のような共同意識があった時代は、相手の心情を阿吽《あうん》の呼吸で推し量ることができました。しかし、平成になった頃から「何を考えているのか、言わないとわからないでしょ」という言葉を、さまざまな場所で聞くようになりました。それだけ意思疎通が難しくなってきたのでしょうから、伝えたほうがいいことは相手にしっかりわかってもらったほうが誤解を招かずにすみます。

家内に感謝している気持ちがあっても、「ありがとうって言ってくれないと、なんとも思っていないと思うでしょ。言わないとわからないことがあるのよ」と私が言われた回数は、ムカデの足ほどになります。

この「言わないとわからない」が日常的に言われはじめた頃、嫌な響きを持った〝理論武装〟という言葉も使われるようになりました（この後、さらに気味の悪い〝説明責任〟という言葉も登場しました）。世間から葬式仏教と揶揄《やゆ》されていることに対して、僧侶側が何も言わないことが、無言の同意として受けとられはじめた時代でした。

すると、「言わないとわかってもらえない」時代を意識した僧侶たちが、自分たちも理論武装しなくてはいけないと言うようになりました（「僧侶」と「武装」はミスマッチな言葉です）。そこから、葬儀は人生のカーテンコール、遺族の負い目解消の場、遺族の悲しみのケアなど、葬儀の意義について多くの情報が、仏教側から発信されるようになりました。

しかし、その発信をする僧侶たちは自分たちがやっていることにもともと自信がありますし、葬儀や布教の現場でその手応えを感じ取っている人たちです。言い訳のように理論武装することに違和感がある僧侶は、現在でも、私をふくめて少なくありません。

どれほど弁が立っても、行動力がなければ、〝評論家〟どまりです。私たちがいきいきした人生を送るのに大切なのは、何を言ってきたかではなく、何をしてきたかでしょう。自説を披露して洞察力や分析力を誇示したところで、日々の中でそれを活かせなければ机上の空論、絵に描いた時計と同様に、ほとんど役に立ちません。そして、日常に活かせた人には、幾千の言葉も、透徹した理論も必要ありません。

口下手で、言い争えば負けてしまう人が不機嫌にならない方法は、具体的な行動をどれだけ取っているかにかかっているでしょう。自信は自分が発した言葉から生まれるのではなく、自分が行ったことからしか生まれてきません。

不機嫌のキッカケ 38

もっと頭が良い人に見られたい

本堂で行っていた話し方の勉強会の冒頭の発声練習で「アエイウエオアオ……」と身体全部を使って練習したあと、言いにくい言葉が連続する滑舌調音（俗に言う早口言葉）を一人一人大きな声でハッキリ言う練習をしたことがありました。

参加者のうち、二十代の尼僧さんは、発声練習というより普通にしゃべる程度の声で「社会情勢と周囲の諸情勢を参照し、終始草案再審査の実際の働きに専念せられた秀才諸氏の意志を重視し、小生は誠心誠意本成案の即時実施に賛成する」とテキストを読みあげました。

講師の元ニッポン放送の村上正行アナウンサー（故人。大正十三年生まれでＮＨＫから東京のニッポン放送開局と同時に移籍）は「もっと息を吸って、大きな声で」とアドバイスします。しかし、彼女は「女の子は大声で話すものではない」と言われて育ったに違いないと思うほど、大きな声が出ません。すると、東京下町の生れ育ちで、ニッポン放送時代には古今亭志ん生さんの番組の司会も手がけていた村上さんが言いました。

「大きな声を出したからって、それでお嫁に行けなくなるわけじゃありません。結婚できない理由は、もっと別なところにあるんですから」。後になって彼女は「あの時は、痛いところを突かれました」とペロリと舌を出しました。

「結婚できないのは声が大きいからだろう」から始まって、「こまごましたことを頼まれるのははっきりノーと言わないからだろう」、「三十歳を超えたのに社内の会議などで女の子扱いされるのは顔や話し方がバカっぽいからだろう」など、自分が不愉快な目にあうと、私たちはその原因を探ります。

自分で思い当たることも原因の一つかもしれませんが、原因はもっと別のところにあるかもしれません。そして、それは他人の方がよくわかるものです。

結婚できない理由は、勇気を出してアプローチしないことが最大の原因かもしれません。こまごまとした用事を頼まれるのは、それらを着実にこなしてきた実績があるからかもしれません。顔や話し方がいくらバカっぽくても、話の内容がしっかりしていれば女の子扱いされることはないでしょう。

村上アナは、昭和二十九年にNHKからニッポン放送に移籍した時、「これで今までのNHKの固い枠にとらわれない、自由なしゃべりができる」と自分に期待したそうです。「ところが、ニッポン放送に入っても、自由なしゃべりなんてできませんでした。もともと自分は自由なしゃべりをする力なんてなかったんですよ」。――**不愉快になった時こそ、冷静に自分の力、実力を分析して、修正するチャンスだと思います。**

不機嫌のキッカケ 39

「なぜ私に相談しない」と不興を買った

今では死語かもしれない〝村八分《むらはちぶ》〟。

簡単に言えば仲間はずれのことですが、『新明解国語辞典』には〔村じゅうの人が、村のおきてを破った人とその家族をのけものにして、つきあいをやめること（葬式と火事の時は除かれるという）〕と説明されています。他の辞書では〔村民全員が申し合わせてその家と絶交すること〕や〔その家との交際や取引などを断つ私的制裁〕など、かなり陰湿な解説がされています。

〝八分〟の残りの〝二分〟は類焼が心配な火事と、村じゅうに姻戚関係があって放っておけない葬式です。

私は実家が火災にあっていますし、両親の葬儀もしました。私や実家が仲間外れになっていたわけではありませんが、この時、近所や知り合いがたくさん火事見舞いや、葬式前にお焼香に来てくれました。

その人たちが口を揃えて言ってくれたのが「何かお手伝いできることがあったら、遠慮なくおっしゃってください」でした。

この時、ありがたい気持ちと同時に、村八分の残りの二分の名残を感じました。後になって、火事や葬儀の時には手伝いを申し出るのが礼儀であることも知りました。もちろん、その申し出に「ではお願いしたいのですが……」と甘えていいのは、親しい人に限られます。


人が困った時に頼りにされるのを誇りに思う人は少なくありません。

気をつけたいのは、他人の役に立ちたい人が、同時に複数いる場合です。贅沢な悩みだと思いますが、**中には「どうして先に私のところに言ってこないのだ」と恨み節のように言う人もいるそうです**。

真っ先に自分に相談して欲しいというお志はありがたいですが、偉ぶって「私がまず先でしょ」というお心底が恐ろしい……。


会社などでは上司と先輩のどちらを先に相談相手にするか難しいところ。先に先輩に相談したら、それを知った上司に「俺じゃ不足か」と皮肉を言われることもあります。先に上司に相談したら先輩に「直訴か。なぜ俺に先に言わなかった」と手順の未熟さを責められることもあります。

逆に上司が「まず先輩だろう」と言う場合も、先輩が「それはまず上司を頼ったほうがいいぞ」と言ってくれる場合もあります。

ですから正解はありません。

頼って欲しいと望んでいる人の機嫌を損ねてしまったら、「今回はこういう事情なので、別の人の意見を求めました。次は是非お願いします」と謝罪しておくのが、大人の対応でしょう。

頼りになる人の助力を得るために、甘え上手になるのも知恵の一つです。

4章

心のツボを外さない〝初動消火〟のコツ

不機嫌が消えていく 1

陰口を言う人にイラッ！としたら

好きな人（芸能人、友人、同僚、上司など）のことを悪く言われると、嫌な気持ちになります。それは、好きな人が否定される嫌悪感ばかりでなく、その人が好きな自分の価値観も否定されたような気になるからでしょう。いわばダブルパンチです。

だれかに好意を抱くには理由があり、その理由はさまざま。ルックスがいい、スタイルがいいなどの見た目から、やさしい、嘘をつかない、気配りができるなどの性格も、それを魅力的に感じれば、「あの人のここがいい」という理由で、好きな人になります。

しかし、あなたが見ている側面と違った面を見る人はいるものです。「見た目はいいけど、ちょっとしたしぐさの中に自己顕示欲が見え隠れするから嫌だ」と悪口を言う人はいます。

「やさしいけど、あれは相手を甘えさせているだけで、本当のやさしさとは言えないよ」

「嘘をつかないのはいいけれど、だからって本当のことを言えばいいわけじゃないだろう。あの人はものごとをズバズバ言いすぎだよ」

「気配りができるって言うけど、好きな人にしか気を配らないんだ」

――そのようにあなたと別の面を見ている人はゴマンといるのです。

良い面を見ているあなたにとってはショックかもしれませんが、別の見方もまた一つの側面であることに間違いありません。それを踏まえた上で、あなたが魅力的に感じている部分を伝えればいいのです。そうすれば相手も「へぇ、そんなところもあるんですか。ちょっと見直しました」と見方を改めてくれるかもしれません。

私は〝自分だけが知っている〟的に観察眼をひけらかし、他人の欠点をあげつらう人がいるのは仕方がないと思っています。悪く言われた人が私の好きな人なら、私の役割はそれ以上悪口が拡散しないように防波堤になることです。

経験上、歯止めになる効果的な言葉は、

「でも、あの人は人の悪口を言わないからすごいよ」

「でも、あの人が自分の自慢話をしたのを聞いたことがないんだ」

です。陰で他人の悪口を自慢げに言っている人の多くは、自分の悪いところを指摘された気がして（実際そうなのですが）、意気消沈します。せっかく威勢よく悪口、陰口を言っているのに、勢いをそぐので気の毒だと思いますが、好きな人を守るために、このくらいの歯止めは許されるだろうと思っています。

これで、好きな人を再び肯定でき、その人が好きな自分にもＯＫが出て、機嫌が直ります。

不機嫌が消えていく 2

ダラダラ続く愚痴をストップさせる言葉

愚痴を延々と聞かされるのはたまったものじゃないと、愚痴を聞かされた当人が愚痴をこぼすことがあります。お寺や神社に「貼り紙禁止」と書いた貼り紙が貼ってあるようなものです。

「愚痴」は、仏教では「貪《むさぼ》り」と「怒り」と共に、心を乱す三大煩悩の一つ。愚も痴もおろかという意味です。仏教の場合は「仏教の教えを知らず、ものごとの道理や真実の姿を知見することができないこと」を表しますが、一般的には「言っても仕方がないことを言って嘆くこと」でしょう。『現代語裏辞典』（筒井康隆・文藝春秋）では〈病院の待合室にいっぱいこぼれているもの〉と筒井先生らしい説明があります。

この愚痴は「こぼす」という動詞が使われます。「こぼす」は「ジュースをこぼす」のように外に出てしまう、「急須にある余ったお茶をこぼす」など外に出して捨てるという意味があります。また、「よだれをこぼす」など、こらえきれずに落とすという意味もあります。

つまり、納まるべき場所に納まらずに外にあふれ出てしまうのが愚痴です。愚痴を納める心の容量が一杯になってあふれ出してしまうのですから、それを止めることはできません。

だから、愚痴だと思ったら、聞いてあげればいいのです。「愚痴ばかりで嫌になる」と愚痴をこぼすのは、自分の心の容量が小さいのだとにっこりして「まだまだ」と思っていればいいでしょう。容量を超えた分はすべて吐き出してもらうように、「なるほど」「そうなんですか」「へぇ」とあいづちを打っていればいいのです。

吐き出すだけ吐き出したら、「ああ、サッパリした」「まあ、愚痴だけどね」とスッキリするのが愚痴の特徴です。その程度のことですから、愚痴好きの人に適当につきあってあげるのも貫禄ある大人の振る舞いでしょう。

ただし、愚痴に同意は禁物。「あの人ったら、こんなことしてひどい人なんですよ」という愚痴を聞いて「それはひどいですね」と同意してはいけません。なぜなら、愚痴をこぼした人がひどいことをした人に「あの人も、あなたのことをひどいって言っていた」と言ってしまうからです。そうすると、あなたの立場がなくなります。

私は話の内容が愚痴だと判断した場合は、同意せずに聞くだけ聞いて、一瞬の間を見逃さずに「**でも、あなたはまだいいほうですよね**」と言います。ほとんどの人は「まあ、そうなんですけどね」と愚痴を切りあげてくれるものです。

不機嫌が
消えていく
3

マナーが悪い人を許せない人の共通点

人はさまざまな成功や失敗をしながら生きていきます。自分だけではなく他人の成功や失敗から、こんな時はこうしたほうがいい、こうしないほうがいいと、多くのことを学びます。学べることは成功からより失敗からのほうが多いでしょう。

そこから私は「**年を取るメリットは、許せることが多くなること**」という言葉を考えました。失敗から学ぶことで、他人の失敗を許せるようになるでしょう。私もそんな年の取り方をしたいと思っています。

やるべきことを後回しにして大失敗したことのある人は、同じ失敗をした人に対して、「わかるよ、それ。やっちゃうんだよね、アトマワシ」と寛容でいられます。

人に嫌われるのが恐くて本当の自分を隠し、自分を偽って相手に合わせているうちに、風見鶏、八方美人、太鼓持ちのレッテルを貼られ、だれからも信用を失って辛い思いをした人は、人に好かれようと必死になって、本当の自分をさらけ出せなくなりクタクタになって鬱になった人に「人に好かれたい、その気持ち、わかるよ。人に好かれたほうが生きやすいだろうって、つい思ってしまうんだよね」と寄りそえます。

このように、自分の失敗から何かを学んだ人は、他人が同様の過ちをおかしてもやさしく共感できるようになります。その意味では年齢に関係なく、「失敗から何かを学んだ人は、許せることが多くなる」と申し上げた方がいいかもしれません。


私の周囲にはそのように寛大なお年寄りが多いのですが、世間では年を取ると頑固になる、許容できる範囲が狭くなるとおっしゃる方が少なくありません。

その場合は失敗を活かすのではなく、まがりなりにも自分のやり方で成功してきたという成功体験が優先しているのでしょう。

「嘘をつかない」を信条にしてうまくやってきた人は、嘘をつく人を許せません。効率を重要視してきてうまくやってきた人は、効率の悪いやり方をする人を悪く言います。正義感が強い人は、少しでも悪いことをする人を責めるだけで、悪いことをしてしまう人の心情を理解しようとしません。このような人はイライラすることが多くなるでしょう。

自分と異なるやり方をしている人に出合ったら、弁護士になったつもりで、相手の気持ちを理解しようとしてみてください。「**そのやり方をしたくなるのはわかる。わかるけど、私ならしない**」でいいのです。それだけで、イライラは大幅に減ります。

不機嫌が消えていく
4

「マイペース」と言われたら

ものごとを自分にあった速度で進めることをマイペースと言いますが、これはmyとpaceを合わせた和製英語だそうで、英語ならat one's own paceになるのだそうです。

他のことに振りまわされてやるべきことができなかったり、急いで失敗したり、考えすぎたりした時、私たちは他人から「マイペースでやればいい」とアドバイスされます。自分のペース（速度）でやるからできることがあるのです。失敗するよりずっといいでしょう。

しかし、時にこの言葉が「周囲のことを考えないで、自分のペースでものごとを進める」や単に「遅い」という皮肉として使われることがあります。

「あなたはマイペースですね」と言われた場合は、良い意味ではなく皮肉を言われているのです。

私はそんな皮肉に対して「**ありがとうございます**」とお礼を言います。相手は困惑しますが、周囲の動きや思惑に惑わされずに、自分のやるべきことをやっている自信があれば、不愉快になるほどのことではないので、ユーモアで返せばいいのです。

マイペースが問題になるのは、時間が限られている時と、他と協調できない時です。ものごとをやりとげるためには手順があります。仕事をしている人が一日を滞りなく過ごすには、自宅での掃除洗濯、炊事、入浴などをこなさなければなりません。これには、翌朝仕事に出かけるまでというタイムリミットがあります。帰宅してから手間のかかる料理を作り、ゆっくり食べれば入浴や就寝の時間が遅くなって、翌朝に影響が出ます。ゆっくりしていればタイムオーバーになるのです（タイムオーバーも和製英語。over the time limit だそうです）。

ですから、時間が限られているならマイペースは禁物。全体の時間配分を考えないと、もののごとはうまく運びません。時間内という条件をおろそかにして、完遂だけを目標にしてしまう人はお気をつけください。

協調性がない場合に使われる「あなたはマイペースですね」という皮肉は、「他人のことにはお構いなしですものね。もう少し周囲に目を配って協力したり、助けられるところは助けてあげたらどうですか」という意味が含まれています。

私のように、自分のやるべきことを時間内にやっているという独りよがりの自信がある人は、「自分のやるべきこと」の中に「他との協調」と「手助け」も入っていると知っておきたいものですね。

自信家なら、そのくらいできるでしょう。

不機嫌が消えていく 5

自分だけ、知らされていなかった…！

仲間うちで、自分だけ知らなかったことがあると不機嫌になる人がいるそうです。どうしてそんなことで不機嫌になるのか私には想像もつきません。

仲間の結婚を自分だけ知らなかった。仲間の親が亡くなったのを知らなかった。会社の方針が変わるのを知らなかった――他のみんなが知っているのに、自分だけが知らなかった理由はいくつか考えられます。

普段から自分以外のことに関心がなければ、だれがどうなろうと、会社がどう変わるか知らなくてもたいした問題ではないでしょう。改めてだれかがそれを話題にした時に「へぇ、そうなんだ」で終わりです。

一つの情報が伝わるにはタイムラグがあります。〝全館放送〟されるわけではなく、人から人へ伝わっていくのですから、自分が知らなかったのは、自分に伝わるのが少し遅かっただけということもあります。

あえて知らせない場合もあるでしょう。結婚を報告すればお祝いされたり、冷やかされたり、伴侶を紹介しなければならないことになり、それを面倒がる人もいます。知らせると勝手な推測を交えて大げさに言いふらす人もいます。私は家内から「あなたに言うと、お酒を飲んだ席で面白おかしくみんなに言っちゃうから、言わないわ」とよく釘をさされるので、全身針供養の豆腐のようになっています。知らなければ言いふらしようがありませんから、私は知らなくていいと思っています。

昭和六十一年に膵臓癌《すいぞうがん》で亡くなった母は、家族全員が癌だと知っているのに、自分だけ自分の病名を知らせてもらえませんでした。医学ではそれ以上治療ができず、死期が迫っていることを患者本人に知らせるのは可哀そうだと考えられていた時代です。

もっとも信頼すべき家族が揃って嘘をつき通さなければならないのはとても辛い経験でした。しかし、日増しに病状が悪化していくのは患者本人がわかっています。おそらく母は自分が癌で、残された時間が長くないことを知っていたでしょう。しかし、自分を心配させまいと必死に嘘をついている家族を思って、騙されているふりをしつづけたのだと思います。

自分だけ知らなかったことがあったら、その理由を考えると、仲間はずれにされたと不機嫌にならず、心の厚みが少し増します。

不機嫌が消えていく 6

誰も感謝してくれない時の魔法の言葉

共働き世帯が増えたからでしょうか、専業主婦は良くも悪くも注目の的です。共働きの女性からは「ご主人の稼ぎがいいから仕事に出ずに、家のことだけやっていればいいんだから、いいご身分よね」とうらやましがられ、当人は「召使いのように炊事、洗濯、掃除をこなして、育児も全部やってるのに、収入がないだけで、感謝もされないんだからやってられないわ」と文句を言います。

これもまた、自分が楽な時と人の大変な時を比べずに、自分が大変な時と人の楽な時を比べるという、アンフェアな比べ方に由来する不平不満現象でしょう。

「私に比べてあなたは背が高い」あるいは「あなたに比べて私は太っている」と比べれば問題の本質（実際の身長や体重）が見えなくなってしまいます。だから比べることからなるべく離れたほうがいいという仏教の考え方はすでにお伝えしました。

ここでは「**当たり前**」と「**仕方ない**」という魔法の言葉についてお伝えして、モヤモヤ解消の一助にしていただこうと思います。

私が住職をしているお寺の檀家さんのお墓は、すべて境内にあります。お線香をお持ちいただく手間を省くために、お寺でお線香を用意して玄関でお分けしています。お線香に火を点けながらいろいろな話をしますが、専業主婦をしてきた檀家のおばあちゃんたちの口から「家事ばかりやって、感謝もされないのだから嫌になる」という類《たぐい》の愚痴を聞いた記憶がありません。

彼女たちは、家事や育児、その他親戚づきあいなどは妻として、母として、嫁として当たり前のことをしていると思っているのです。旦那や子どもたちから感謝されなくても気になりませんかと聞けば、当たり前のことをしているのに感謝してほしいとは思いませんと答えるでしょう。

もし、家族の誰も感謝してくれないなら、残念ながら、家族は主婦が家事をするのは当たり前だと思っているのです。当たり前だと思っていたことが、実は当たり前でないことに気づくだけでも大変なのに、さらにそれに感謝できるようになるには、多くの人生経験が必要です。

それを他人に期待するよりも、まずは自分で「私は当たり前のことをしているだけ。感謝されなくても仕方ない」と割り切ってしまったほうが、ずっと潔く生きていけると思うのですが、いかがでしょう。

不機嫌が消えていく 7

夫（妻）が家事をしてくれない

「うちの旦那は家のことを何一つやってくれない」と、憤懣やるかたない奥さまは世の中に数知れず。

共働き夫婦なら不満は憤慨となり、ノズルを絞ったホースのように夫に向けられて危害となり、やがて夫婦円満の障害、夫婦間の災害に発展するという様相。「お互い愛して一緒になったのではありませんか」と第三者がなだめても何の効果もありません。

そんな時、奥さま方には、男はすべて女が生んでいるという誇りと、慈悲に満ちた母性で対処していただきたいと、長年にわたって憤慨のホースを向けられてきた私は思うのです。

夫が家事をしてくれない理由はさまざまです。

多く聞くのが、結婚前は「家事も一緒にやろう」と優しい顔をしていたのに、結婚して一転、「釣った魚に餌をやる奴はいない」と開き直る不届き者のケース。日本の社会では、まだ「結婚した人は責任感が強くなる」と考えられがちです。そのために、結婚すると質の高い仕事を任されたり、仕事の量が増えたりすることがあります。結婚前には妻と家で過ごす時間がたくさんあるだろうと思っていたのに、その時間が思うように取れず、疲れもたまるので、つい結婚前の約束はどこへやら、家事は奥さんに任せがちになってしまうのです。

あるいは、家事の分担について何の取り決めもしないで結婚してしまったケースもあるでしょう。妻は「優しい人だから家事は手伝ってくれるだろう」と勝手に思い、夫は「自分はしっかり働き、家は妻が守る」を暗黙の了解として共同生活を始めてしまったのです。

いずれの場合も、この問題を解消する鍵を握っているのは奥さまです。

まずは夫への非難を皮肉に変えて、ユーモアの皮で包んで出してみてください（相手の非をあげつらって無理矢理やらせても、不満は解消しません）。私が妻なら、次のような言い方でダメ夫を動かすでしょう（言葉に抑揚をつけると、言葉以上に真意が伝わります）。

「〝生れた時は別々でも死ぬ時は一緒〟くらいに思って二人で幸せになろうと結んだ二人三脚の赤い糸。結婚後初めての共同作業のウェディングケーキ入刀が最後の共同作業だったなんて、寂しいじゃない。家事は、だれかがやらなければならないこと。あなたができなければ私がやるし、私がやらなければ別のだれかがやらなければいけないのは、三歳の子どもでもわかること。そのあたりの私の心情をくみ取って、飲み込んで動いてくれると、惚れ直すと思うわ。きっと」

不機嫌が消えていく 8

どうしても好きになれない人がいたら

嫌いな人と長時間過ごさなければならなかったとしたら、辛いでしょう。会社勤めをしている友人二人から同様の悩みを聞いたことがあります。嫌いな理由は、しぐさ、しゃべり方から価値観に至るまで生理的に受けつけられないという重度の嫌悪感と、自分の仕事に対してバカにしたような言動をするというものでした。

生理的に受けつけられない同僚がいる友人には、職場に異動願を出せないのか尋ねました。「やはり、それしかないかねぇ」と残念そうでした。やることなすことが気に入らないのを通り越して嫌悪しているなら、自分がその場を去るか、相手を去らせるしか方法はないように思われます。

どうしてそんなしぐさをするようになったか、なぜそんなしゃべり方をするのか、何が原因でそんな価値観を持つようになったかを想像して、相手を受け入れるというレベルではないでしょう。いわんや相手をいくらかまともな人間に変えてやろうという気持ちを持つのも無理です。

だれかのせいで自分の力が発揮できないと思うなら、水中でじっとしている魚のような生き方はやめて、羽を広げて新天地へ飛んでいくしかありません。新天地は別の部署かもしれません。会社を辞めて別の会社に行くという選択肢もあるでしょう。夫婦なら離婚という選択肢です。

友人からの報告によると、異動願いを聞いてくれた上司の計らいで、相手が異動して決着したそうです。「今は、あいつの幸せを願っているよ」と言ったので驚きました。

もう一人の友人へのアドバイスは（つまり、私ならそうするという意味ですが）、バカにしたような言動を快く思っていないことを、ユーモアを交えて伝えてみてはどうかというものでした。もちろん相手がユーモアを解する人というのが前提です。

「ねぇ、こんな言葉知ってる？　〝**鼻高々の天狗のお面、裏から見たら穴だらけ**〟っていうの。人にはもっと敬意を持って接したほうがいいと思うよ。せっかくいいもの持っているんだから」などです（**相手にアクションを起こさせたければ、最後は褒めて終わるのが定石です**）。

後日「今は打ち解けて仲良くやっているよ」と報告を受けました。「ユーモアの力はすごいな。最近は落語を聞くようになったよ」と言いながら笑った彼の顔に、不機嫌の影はありませんでした。

不機嫌が消えていく 9

命令されてカチンときた時の切り離し方

やることをやっていない人に「やることをやってから自分の好きなことをやったらどうですか」と言われると、「やることをやっていないあなたに、そんなことを言われる筋合いはない」とムッとします。

会社などでは、実績のない、上には弱く下には強い〝イエスマン上司〟にダメ出しされた時などがそれにあたるでしょう。そんな時に露骨にムッとした顔をすれば、その上司から疎まれるのは目に見えています。

やることをやっている人からのダメ出しなら仕方ありません。実際にやっている人の前で「言うだけなら簡単ですよ。でもそんなことできませんよ」とは言えないのです。

私は自分が書いた本の中のあちこちで、「今日は面白いことが何もなかったと、つまらなそうな顔をするのは心のアンテナの感度が鈍っているのだから、意識して感度を上げましょう」と提案しています。自分で書いているのですから、自分で実行しないと説得力がありません。そのためにお酒を飲んだ（飲みすぎた）日以外は、必死になってその日感じたことをブログにしているのです。

これは「へぇ、本当に毎日いろいろなことを感じて生きているんだな。じゃ私もやってみようか」と読者にアクションを起こしてもらう一助になればいいという思いと、「あなたは偉そうな、もっともらしいことを本で書いているけど、実際にそれができているのですか」という批判に対応する狙いもあります。

話を「自分でできないくせに、他人に偉そうに言う人」の対応に戻します。

私の場合は、「いったい、どの口がそんなことを言わせるんですか。鏡を見せますから、もう一度おっしゃってみますか」と皮肉まじりのユーモアで対抗するのを常としています。

そんな冗談が通じない相手の場合は、批判した本人と、批判された内容を切り離します。

言った本人が無責任な人でも、内容が的を射ているなら、自分への批判も貴重なアドバイスです。

「あの人に言われるのは癪《しゃく》だが、言っていることはもっともだ。よし、アドバイスだと思ってやってみるかな」と切り離すのです。

そうすると、周囲はあなたを「やることをやっている人」として見るようになります。

あなたの言うことが一段と説得力を増すことにもつながります。

不機嫌が消えていく 10

〝デキるアピール〟が鼻につく

「うちの事務所で、電話の応対で〝デキる自分〟をアピールする人がいるんですよ」と嫌そうに話す人がいました。私は具体的にどんな会話をするのか聞きました。

「『ああ、それはこういうことですね』とか『それは大変でしょう。それではこうしてはいかがですか』とか、もう何でも知っています的な」「その対応が間違っているんですか」「いや、間違ってはいないと思うんですが」

——間違っていないなら、できない人がデキる人に嫉妬しているレベルです。大きな声で自信をもって相手に伝えられるだけの知識や経験があるのですから、自分もそうなろうと思えばそれですむことです。しかし、不機嫌なのは単なる嫉妬が原因ではなさそうです。そこで聞きました。

「自分がデキる人であることを周囲にアピールするかのように大きな声で話すのが気に入らないのですか」「いや、別に、気に入らないというほどではないんですが」と、自分の器量の小ささを指摘されて慌てている様子。

「電話の相手がお年寄りなので、大きな声で手際よく伝えようとしているということはありませんか？『今の電話、大きな声で話していましたけど、相手はそんなにお年寄りなんですか』と聞けない関係なんですか」「そんなこと聞けませんよ」「その心の距離を縮めないのですか」

心の距離を縮めなければ相手の真意は聞きだせませんから、この先も癪に障るのを覚悟するしかありません。それが嫌なら、毎朝笑顔で挨拶したり、世間話をしたり、飲み会で意識して隣の席に座るなど、心の距離を縮める努力をするしかないでしょう。

心の距離が近づいたところで「〝デキる人〟ぶりを周囲にわからせようとしなくても大丈夫ですよ。応援していますし、能ある鷹は爪を隠すって言うじゃありませんか、その方がカッコいいですよ」と、その人を心配していることを伝えればいいのです。そうすれば相手も心を開いて「でも、うちの会社って私に対する評価が低いから」という愚痴や「そうかもね。ありがとう」と感謝の言葉が出るかもしれません（あくまで〝かも〟です）。

誰にでも気に入らないことはあります。しかし、右のようなちょっとした思考の流れを作れば、気に入らないことの問題点が明らかになって解決することは多いものです。

心の中のマイナス（気に入らないこと）をプラスにする必要はありません。ニュートラル（気にならない）にすれば、それでいいと思います。

不機嫌が消えていく 11

SNSのメッセージがたくさん来て落ち着かない

私が自己啓発系の本を書いている坊主だからでしょうか、年に何回か人生相談のメールをやりとりすることがあります。

しかし、二、三度メールをやりとりして、相談相手が依存心の強い人だと判断したら、頃合いを見て文末に「私とメールのやりとりをしなくても、早く一人で解決していけるようになれるといいですね」とつけ足します。

この一言を加えないと、顔を見たこともないのに、いつの間にか私を家族か友だちのように勘違いして、「今日はこんなことがありました。住職さんはどう思います？」とか「ニュースでこんなことを言っていましたが、へんだと思います。住職さんもきっとそう思われるでしょう」などのメールが毎日来るようになるのです。周囲に話を聞いてくれる人がいないのでしょう。

私は相手に「経験したこと、思ったこと、感じたことを伝えられる人が、私以外に身近にいるといいですね」とやんわりお伝えします。すると、裏切られたように感じるのでしょう。一人で問題を解決できるようになったわけではないのに、プツリと連絡が途絶えます。

相手は落ち込みながらも、ネットの中で自分をかまってくれる次の相手を求める旅に出たのかもしれません。会ったこともなければ、実際に話したこともない私のような人にさえ、自分の寂しさを埋めてくれるやさしさを求めつづける旅ですから、苦難に満ちた旅になることでしょう。

LINEやFacebook、TwitterやInstagramなどのコミュニケーション・ツールは、こうした困った人があちこちを闊歩するには、最適の場と言えるかもしれません。そのために、SNSなどでは、「ねぇ、ねぇ、聞いて！」「ねぇ、ねぇ、見て！」と相手の反応を求めるようなメッセージが怒濤のように押し寄せて困惑することになるのでしょう。

自分が進んでその環境の中に入るのですから、メッセージがひっきりなしに来る覚悟をしておくのも一つのルールでしょう。しかし、それが平穏な日常を阻害するようなら距離を置いたほうがいいでしょう。

ちょっと疲れたら「LINEを切ります」「Facebookを閉じます」「Twitterを閉じます」「Instagramをオフります」と、一方的に宣言して離れてみませんか。あなたがその環境の中からいなくなったところで、誰も気にしません。

5章

「いつも心おだやかに」こそ仏教がめざしたもの

解消法を知っておこう

私たちが不機嫌になっている時は、何かが心の中にわだかまっている時です。〝わだかまり〟は、漢字で書くと「蟠り」で、蟠は石の下など湿った所を好んで生息するワラジムシのことです（ダンゴムシに似ていますが、体が平らで、触っても丸まりません）。

怒りや切なさ、悲しみや心配ごとがワラジムシのように心にへばりついているのが不機嫌になる原因です。この心のわだかまりを取り除く方法を、私たちは子どものころから試行錯誤して見つけてきました。

怒りを人にぶつけて鬱憤を晴らす人もいるでしょう。切なさを愚痴で薄める人、悲しみや心配をだれかとシェアして負担を軽くする人もいます。

しかし、こうした方法は、怒りをぶつける相手、愚痴を聞いてくれるやさしい人、シェアしてくれる共感力がある人が必要です。

しかし、不機嫌になるたびにだれかに頼るわけにはいきませんし、頼れる人がいつもそばにいるわけではありません。自力でどうにかする方法も身につけておく必要があります。

仏教では、独り静かに瞑想して自分の心を探れと説きます。「どうして私は怒っているのだろう」と自問し、「自分の都合通りにならないからだ。ならばどうする？　都合をかなえる努力をするか、都合を引っ込めるかだ」と自答できる知恵を磨けというのです。

仏教の力を借りなくても、自力で不機嫌を直す方法はいくつかあるでしょう。

呼吸をする時、不機嫌の元を吐き出すイメージをするだけでも心が軽くなります。

その呼吸をしながら、散歩するのもいいでしょう。部屋の中にいるのは体が小さな空間にわだかまっているようなものです。外の大空間に身を置くことで、ちっぽけな我が身の心に巣食っているわだかまりも散らばりやすくなります。

部屋の掃除をするのもいいでしょう。散らかっていた品物が整理されるのとシンクロするように、心のわだかまりも片づけられていきます。

同様に、窓ガラスの掃除も心のすっきりさと視界のすっきりさが同調しやすいのでお勧めです。

他にも、適量のお酒を飲めば、小さな不機嫌などは「まっ、どうでもいいや」と吹き飛びます（飲みすぎれば二日酔いで不機嫌になります）。数日間つづく不機嫌には〝おかげさま〟という思いのこもった感謝型のお墓参りも効果的です。

〝心の天気は自分で晴らす〟をモットーに、自分なりの不機嫌解消法を持っておきましょう。

不機嫌が
消えていく
13

「こうあるべき」が不機嫌を生む

「日本は物質的に豊かになった陰で、心の豊かさを置き忘れてきた」は、高度経済成長の勢いが衰え、バブルが弾け飛び、少子化、高齢化など、さまざまな閉塞感を抱えるようになった原因の一つとして、よく使われる言葉です。

そこで、置き去りにした心の豊かさを取りもどそうと、ヒューマニズム、絆、やさしさの大切さを再認識しようと訴える流れがおきます。その流れは悪いことではありませんが、それを一種のシビリアンコントロールや同調圧力のように感じて反発する人もいるでしょう。

たとえば、「正直者がバカを見る社会ではいけない」というスローガンがあります。それに対してある仏教学者は「正直者がバカを見ない社会が実現したら、バカを見た人は不正直者ということになる。しかし、正直者でもバカを見るのが世の中なのです」と言いました。

仏教では「こうあるべき」というこだわりを持っていると、そこから外れたものが許せなくなり、心おだやかでいられなくなるので、こだわりからはなるべく離れたほうがいいと説きます。

社会に暮らす人は互いに助け合うべきだと思って自分がだれかを助けても、相手は事情があって他人を助けられない場合もあります。「互いに助け合うべき」という信条を固持すれば、事情があって他人を助けられない人を悪く言う可能性もあります。

仏教の「こだわりを捨てろ」は、どんなことも縁（条件）によって結果が変化してしまうという「諸行無常」の大原則から出てくる教えのひとつです。その時代、その国、そしてあなたという条件が揃った結果として「こうあるべき」という信条にたどり着きます。しかし、「あなた」という条件が「他人」になれば「こうでなくても、まあいいか」という結論になることがあるのです。

ですから、やさしさやヒューマニズムを大切になどの標語に対して、「やさしさを押し売りする世の中の風潮はいかがなものか」と社会評論家のようなことをつばを飛ばして言わなくてもいいのです。共感できる人用に提言されているだけなのですから。

豊かさを失った日本と言われようと、昭和の時代から心の豊かさを持っていた人はたくさんいます。世の中の風潮に流されず、さりとて反発もせず笑顔で生きている人はたくさんいるのです。

同調圧力に過敏な人は、そんなおおらかな人を目指してみてはいかがでしょう。

不機嫌が消えていく 14

自分の都合を少なくする

「自分はダメだ」と卑下する人がいます。ダメだ、ダメだといくら落ちこんでも、心は上機嫌にはなれないし、心おだやかにもなれません。おだやかになるには、なぜダメだと思うのかを一歩踏みこんで考えてみることが必要でしょう。

不機嫌はネガティブな心の状態ですから、仏教で言えば苦です。そして、苦の定義は仏教が説かれる以前から「自分の都合通りにならないこと」です。ですから、自分の都合をかなえるか、都合そのものを少なくすれば苦は軽くなります。

多くの人は子どもの頃から、自分の都合をかなえるために努力することを学びます。リストラに怯えずにすむ安定した暮らしができるように公務員を目指す人もいるでしょう。いつか結婚したいと思って婚活をする人もいます。どれも、都合をかなえようとしているのです。

しかし、それがかなわなければ、他人や自分を責めることになります。会社に入った頃に思い描いていたのは五十代で役職につくことだったのに、現実が平社員のままでは惨めになり、社内で胸を張るどころか肩身が狭いと感じるでしょう。

理想と現実が異なって苦を感じるのなら、努力して理想に近づけば苦は減っていきますが、定年間近の人が社内の地位を上げようとしても難しいでしょう。努力しても実現不可能なことはあるのです。この状態を「願いはあっても、望みなし」と言います。こうなりたいという願いはあるのですが、努力しなかったり、実際の状況によって、その願いがかなう望み（可能性）はないという意味です。

そこで、仏教が勧めるもう一つの方法「自分の都合そのものを少なくする」が登場します。この方法を、努力放棄のようで嫌だ、尻尾《しっぽ》を巻いて逃げるようでかえって惨めになると思う人がいるかもしれませんが、そんなことはありません。

具体的には、理想という自分の都合を捨てて、現実の中の良い点、メリットをかき集めるのです。自分で思いつかなければ、他人に聞いてもかまいません。

独身のおかげで気を使わなくてすむでしょう。結婚相手ではなくもっと関係のゆるいパートナー探しもできます。社内では肩身が狭くても、平社員なら責任が少なく、プライベートの時間を有意義に使って、笑顔で大きく胸を張ってできることもあるでしょう。

「ものは考え様《よう》」と言いますが、不機嫌になった時こそ本気で別の考え方を探して、上機嫌になってみませんか。

不機嫌が消えていく 15

クサリで繋がれているのか、根を張ろうとしているのか

僧侶が出家をするのは、家族や社会と関わっていると義理や人情や雑事がまとわりついてしまって、いつでも心おだやかでいる境地に達することが難しいからです。言い換えると、出家者は心も体もフリーな状態でいたほうがいいという建て前があります。今でもタイやカンボジアなどの上座部と呼ばれる仏教の僧侶が結婚をしないのは、そのためでしょう。

日本にも生涯独身を貫く出家者がいますが、私も含めて結婚して家族を持ち、お寺の住職としてお寺を守っている僧侶は少なくありません。守るべきものがないほうが自由でいられるのですが、家族や寺などの守るべきものがあっても修行できるし、悟りを開けるというのが現在の日本仏教の建て前です。

私は三十歳で檀家からお寺の住職を任されました。それから数年して、他にやりたいことがあっても、寺を留守にできない自分を、クサリで繋がれているように感じていた時期がありました。

そんな悶々とした日々を過ごしていたある日、本堂の瓦屋根に、雑草が生えているのを目

にしました。その時、私はクサリで繋がれているのではなく、根を張ろうとしているのだと気づきました。**現状をクサリに繋がれていると感じて悶々としているか、根を張ろうとしていると覚悟するかで、そこでの生き方は大きく変わります。**

その頃に出合った古歌が「生きる場所　そこにもあるのか　屋根の草」。不思議な縁を感じました。

自分が住んでいる土地、仕事、親戚関係など、何もかも自分と反りが合わないと感じる人はいるでしょう。どこかに自分にぴったりの桃源郷のような環境があって、そこですべてをやり直したいと夢見ることもあるかもしれません。しかし、残念ながらこんなに平和な日本で生きづらさを感じるようなら、どこにも安住地はありません。

夏目漱石の『草枕』の冒頭にこうあります。

「住みにくさが高じると、安い所へ引き越したくなる。どこへ越しても住みにくいと悟った時、詩が生れて、画が出来る。人の世を作ったものは神でもなければ鬼でもない。やはり向う三軒両隣りにちらちらするただの人である。ただの人が作った人の世が住みにくいからとて、越す国はあるまい。あれば人でなしの国へ行くばかりだ。人でなしの国は人の世よりもなお住みにくかろう」

覚悟を決めて、根を張る生き方をしてみませんか。

「感謝の報復合戦」をしてみる

日本語の「旦那」はサンスクリット語の「dana（ダーナ）」の音写語です。夫や主人のことではなく、布施のこと。布は「広く行き渡らせる」という意味で、布施は広く施しをすることです。

僧侶の私が布施を話題にすると「お金の話か」とウンザリする人もいるでしょうが、この項は、そんなみみっちいことを申し上げようとしているのではありません。

いつどんなことがあっても心おだやかでいるための教えの宝庫の仏教で説かれる布施は、施す人も施される人も、執着を離れているのが基本とされます。これをしてあげれば喜ぶだろうとか、あれをしてくれてありがとうと互いに意識しないのが本当の布施で、そのような布施がなされれば、なにものにもとらわれないおだやかな心になれると説きます。

そんなことがありえるのかと思うかもしれませんが、親子や長年連れ添った夫婦の間では、時にそんな時間が流れることがあります。

母親が赤ちゃんにおっぱいを飲ませる時は「飲ませてあげる」「感謝してもらいたい」とは思いません。おっぱいを吸う赤ちゃんにも「ありがとう」という意識はありません。そんな時、母と子はどこまでも心おだやかでしょう。手をつないで歩く老夫婦も似た雰囲気を持っています。慈愛という言葉がぴったりかもしれません。

私は布施を「見返りを求めないで何かをさせてもらうこと」と言い換えることがあります。「してあげる」は、相手の負担になるので布施にはなりません。お礼を言ってほしいわけではない、感謝してほしいわけではない、ただやりたくてやっているだけという境地です。

そんな境地になるには修行が必要ですが、その修行は「せっかく（一生懸命）やっているのに（「のに」は見返りを求めている証です）、感謝もしてくれないし」とカチンときたり、虚しさを感じたりした時に、「私は見返りを求めているのだ」と気づくことからスタートします。見返りを求めていると相手が知れば、相手は「端《はな》から見返りを期待しているなら、やらなくて結構です」とそっぽを向くこと必定です。

高尚な布施行を実践したいわけではなく、もう少し感謝してほしいと思うなら、まずこちらから相手に感謝の気持ちや言葉を発射しつづけてみてはどうでしょう。

そうすれば相手も気づいて感謝してくれて、お互いにハッピーになれるかもしれません。やってみませんか、感謝の報復合戦。

不機嫌が消えていく 17

「阿吽の呼吸」が生れるまで楽しむ

多くの男女がいる中で、この人と一緒に人生を過ごそうと思う相手が見つかります。「婚約前は両目を開けて相手をよく見て、婚約したら片目を閉じて、結婚したら両目をつぶれ」という言葉を独身時代に知った私は、そんなことはあるまいと思っていました。

夫婦はもともと他人なので価値観に相違があるのは当たり前です。その違いを丸ごと包めているのが結婚当初でしょう。フランシス・ベーコンは「夫婦は若い時は愛人」と言っているくらいです（「若い夫にとって妻は女主人」という伝えもあります）。

やがて、夫と妻の価値観の相違が気になり始めます。アインシュタインの名言に「男は結婚するとき、女が変わらないことを望む。女は結婚するとき、男が変わることを望む。お互いに失望することは不可避である」がありますが、自分が望むように相手を変えることは無理ですから、妥協点を見つけていくしかありません。

そのすり合わせが夫婦生活の醍醐味でしょう。それは、都合通りにならないことに直面した時に、どうすれば心がおだやかになれるかを説いてきた仏教の面白さに通じるところがあります。

ちなみに、ベーコンは「夫婦は中年では相談相手」と言っています。

『広辞苑』では倦怠期を「(主に夫婦の間で)互いに飽きてわずらわしくなる時期」と説明してありますが、だいたいお互いが何を考えているかわかるようになるのですから、飽きもするでしょうし、こう言えばああ答えるのもわかっているのですから、いちいち話すのがわずらわしくなるのも頷《うなず》けます。

それを「縁があって一緒になったのだから」と諦め半分でのりこえていくと、「これ美味しいな」「美味しいわね」と自然に言えるようになり、見送る妻を夫がなにげなく振り返るようになるのでしょう。いわば阿吽の呼吸。空気のように、なければ死んでしまうが、普通はその存在を意識しない夫婦関係はいいものです。

しかし、夫婦なのだから会話くらいしたいと思うのは人情。人生相談には、夫と会話がないという奥さまの不満が蔓延しています。

会話がなくなっていく原因は双方にあるでしょうが、これも歩み寄りでどうにかなります。「二人とも読んだ本って何だろう」「二人で行ったところで一番印象に残っているのは」など、共通項を話題にすれば、会話の糸口は作れるものです。互いが空気のような存在になるまで、楽しんでやってみようではありませんか。

不機嫌が消えていく
18

「この人と話ができて良かった」と思われる三条件

相手がすぐそばにいるのに、お互いに何もしゃべらなくても気にならない関係はとてもいいものです。

しかし、そんな関係の人はどのくらいいるのでしょう。

親子、兄弟など、喧嘩をしても翌日には何もなかったように接することができる人なら可能でしょうが、それ以外の人とでは、何も話すことがなければ気まずい雰囲気が漂うでしょう。

そんな時には、相手にとことん関心を持てば和やかな場になります。自分のことよりも相手の関心領域の中で会話を続けていくのです。どうして坊主の私がそんなことを知っているかというと、先述の村上正行アナウンサーに教えてもらったからです。

父が村上さんの番組に五年間出演させていただいたのを縁に、私もとても親しくしていただきました。私が住職をしているお寺でも月に一回、三年間「話の寺子屋」と銘打って話し方を教えていただきました。

話し方を習っている中で、一度インタビューについて話を聞いたことがあります。当時の資料から、あまり仲良くない人との会話術のヒントをお伝えしましょう。

まず準備について。相手の経歴、専門知識、趣味、主義、社会的地位、作品、その人をめぐる最近のニュース等は、人に聞いてもいいのである程度知っておきたいものです。初対面の人の場合は、話の中で失礼のないように引き出せばその後の話題につながります。

次に大切なのはあいづちです。相手の話に対して当意即妙に有効なあいづちを打つのはとても大切です。相手の話を聞かずに次の質問を考えているのは下の下だそうです。

この場合、単調にならないように、いつも相手の話を肯定し、あるいは感心し、あるいは次の話をうながすなどの、何かの意味を持った受けが必要だそうです。聞き上手の大切な要素の一つがこのあいづちの「間」だそうです。

そして、相手に気持ちよく話をしてもらうために大切なのは、敬意と礼を失わないことだそうです。ぞんざいな言葉づかいや不貞腐れた態度などは相手を不快にし、話を封じてしまいます。無口も敬意と礼のなさにつながるでしょう。

私たちはインタビュアーではありませんが、右の三つを実践すると、相手に「この人と話ができて良かった」と思ってもらえるものです。

楽しんで挑戦してみませんか。

不機嫌が消えていく
19

親不孝にも笑顔で返す

わが子に関する愚痴はよく聞くもの。

しかし、常套手段の「でも、あなたはまだいいほうでしょう」でも納得してもらえない場合は、「そうなんですか。誰の子どもでしょうねぇ。誰に似たのでしょうねぇ」とおどけて返します。だいたいの親はにやにやしながら「まあ、そうなんですけどね」と納得してくれます。これは、ものごとの本質を明らかにして諦めていく仏教の手法です。

極悪非道のわが子を恨んで、こんな子どもなら生まなければ良かったと思う場合に、昔は「無い子に泣きは見ない」と言ったそうですが、それでもわが子はわが子です。自分以外の誰かが育てたわけではありません。子は親の背中を見て育つのです。

子どもがその道理を逆手に取って「こんなになったのは、そんな育て方をしたからだ」と親を責めることもあるかもしれません。

そんな時は「**教えざるは親の罪、覚えざるは子の罪**」という言葉を思いだして伝えていただきたいことがあります。

「お前、蓮《はす》の花を知っているか。泥水の中でしか咲かないのに、茎も葉も花も泥色に染まらずに綺麗に花を咲かせる。親の育て方が悪いなどと、どの口が言うのだ。それは蓮が『私は泥水の中で育ったので泥色に染まってしまったのです。私のせいではありません』と言っているようなものだ。心の中に蓮の花を咲かせてみろ」（仏教が蓮を大切にする理由を戯曲のセリフ風に書いてみました）。

中には、口を開けば「少しでいいからお金を援助してくれると助かるんだけど」と催促し、黙っていれば機嫌を取るように「機嫌悪いの？」などといけしゃあしゃあとのたまう子どももいるそうです。こうなると、金米糖レベルの、人生、否、親をなめきった甘さ。小さいながらもトゲのある金米糖が、親の脛《すね》をぼろぼろになるまでかじりつくそうという魂胆。

呆れて親が文句を言えば、開き直った子どもは決めゼリフのように「生んでくれなんて頼んでない」と親不孝なことを言うかもしれません。

そうしたら「まさかお前のようなのが生れるとは思っていなかったんだ」と笑顔で返すのが貫禄のある親の態度だと思うのです。

子は親の思うようにはなりません。子どもが親孝行になるのは親が死んでからくらいに思っていればいいと思うのです。親が死んでから、「親孝行、したい時には親はなしかぁ……」と実感して生きていってくれれば親冥利でしょう。

相手に嘘をつかせない度量とは

この項は嘘をつかれると不機嫌になってしまう人の話。

とはいっても「あなた、私を幸せにするって言ったのに、嘘つきね」といった犬も喰わないような話ではありません。人から嘘をつかれると、なめられていると思って憤慨する人の心の鎮め方と、嘘をつきたくなる人の心情に少し共感してあげませんかという話です。

仏教徒が守るべき戒の中に、なるべく嘘をつかないことを戒めた不妄語《ふもうご》がありますが、古来、嘘にまつわる名言には枚挙に暇《いとま》がありません。

〝嘘つきは泥棒の始まり〟は、平気で嘘をつくような人は、盗みさえ自分に都合よく正当化して考えるようになり、悪事を働くようになるという意味。憐《あわ》れ末路は檻の中か、だれからも信用されないという超孤立への道。

バーナード・ショーも言っています。「**嘘つきの受ける罰は、人が信じてくれないだけではなく、ほかの誰も信じられなくなる、ということである**」。自分が嘘をついていれば、他の人も嘘をついていると考えるのは当然のことでしょう。

〝嘘は大声では言えない〟や〝相手の目を見て嘘は言えない〟は、逆に言えば、大声で相手の目を見て嘘が言えるようになれば、悪党番付では大関にランクインです。

〝真実を語っているかぎり、言ったことを覚えておく必要はない〟も深い言葉です。嘘をつけばそれを覚えていなければなりません。嘘をつき通すためには別の七つの嘘が必要になるとも言われます。オソロシイ話です。

他に「**嘘は言わないほうがいい、だからといって、本当のことを言わなくてもいい**」は私の好きな言葉。誰かのことが気に入らなくても「あなたのことは嫌いです」とか「あの人、大嫌い」なんて、本当のことを言わなくてもいいのです。

〝嘘も方便〟は、本当に人のためになるなら、その方便（手段）として嘘をつくのも仕方がない時があるという意味。

しかし、私たちの周りには自己保身のための見え透いた嘘をつく人がいます。その場を嘘で繕っておけばどうにかなるだろうという安易な考えで、嘘をつかれたほうは「なめているのか」と怒りたくなるかもしれません。とはいえ、相手は嘘をついてまで自己保身を計りたい可哀そうな人なのです。あるいは、相手が心を開いて正直に言えないほど、こちらが高圧的なのかもしれません。相手に嘘をつかせないために、こちらが心を開いて相手を受け入れる度量が必要だと思うのです。

不機嫌が消えていく 21

智恵とは「明らかにして諦める力」

お釈迦さまは苦を除くためにどうすればいいかを真剣に考えました。

具体的には苦の代表格の老いと死が生じる原因の究明からスタートしました。苦のもとになる老いや死があるのは「私たちが生れたから」です。そこから、次々に原因をさかのぼっていきます。

生れたのは「執着」があり、その執着は愛が原因で……という具合です。途中経過は哲学的で私には手に負えませんが、老死からさかのぼること十二段階で、ついに根本原因の「無明」にたどり着きます。この無明を発生源として老死が苦になるというのです。無明は、ものごとの本質、真実の姿やありさまがわからない無知と同義と考えていいでしょう。

この無明を解決すれば、ドミノ倒しのように次々に苦がなくなっていくというのがお釈迦さまの考えでした。つまり、ものごとの本質を明らかにすればいいというのです。日本で「明らめ」と同源とされる「諦め」の諦は〈いろいろ観察をまとめて、真相をはっきりさせる〉という意味で、諦観などで使われる字義です。

ですから、ものごとの真相を明らかにしないと諦められないし、明らかにすればきれいに

諦められるということになります。この「明らかにして諦める力」を仏教で智恵と言います。

私たちの不機嫌や不愉快という苦にも原因があります。その原因をさかのぼって明らかにすれば、不機嫌も唸《うな》り声を潜め、不愉快も雲散霧消します。

時々「どうして私がこんな目にあわないといけないのだろう」とボヤく人がいます。デキない部下の面倒を見なければならないことが苦なのは、部下がデキようがデキまいが、部下の面倒を見るのは上司として当たり前ということを明らかにしていないからです。自分もそのように育てられたことを、自分の中で明らかにしていないからです。

どうして私のことをわかってくれないのだろうとイライラしている人は、自分でも自分がわかっていないのに、他人がわかるのは無理ということを明らかにしていないのです。あるいは、わかってくれないと思っている自分が、他人をわかろうとしていないことを明らかにしていないのです。

それがわかれば、わかろうとしてもらうことばかり願っているわがままに気づいて、仕方がないと諦められます。

明らかにしなければならないことが何なのかは、練習すると見えてきます。その練習のことを仏教で修行と言います。

不機嫌が消えていく 22

「同じですね」が慈悲の発生源

「毎日、変化がなくてつまらない」というのは時に聞く言葉ですが、本気でそう思っているとしたら、かなり感性が鈍っている証拠です。

起きて、仕事をしてお昼を食べて、また仕事をして夕飯を食べて、入浴して寝るという流れに変化を求めようとしても、それは無理。「いつも太陽が東から昇って、西に沈むのはつまらない」と言っているようなものです。

同じような日常の中にも昨日と違った変化があります。それに気づかないだけなのです。あなたが今日吸っている空気は、昨日は数十キロ、数百キロ離れた場所にあった空気です。昨日の今頃は、どこにあった空気だろうと想像するだけで、心は小旅行できます。

昨日咲いていた花はもう萎《しお》れているかもしれません。その横で新しい蕾が膨らんでいることもあります。道ですれ違う人も、昨日と違う人たちです。昨日は「どうしてこんな時間に高校生がこんな所を歩いているのだろう」と思い、今日は「やけにマスクをしている人が多いな。会社につくまで何人いるか数えてみよう」と思うこともできます。

仏教では、相手と同じだと気づくことが慈悲の発生源になると説きます。「あなたもそう

なんですね」と気づくことが相手へのやさしさにつながるのです。

エレベーターで知らない同士が乗り合わせれば、「あいにくの雨ですね」と二人の共通項を話題にして心の距離を縮めます。バス停では「バス、なかなか来ませんね」と話しかけて会話の糸口にします（「あなたと私は違う」と思えば、やさしさは発生しません）。

このように、相手と同じことに気づくのが慈悲の発生源ですが、**相手との共通項を意識的に作っても慈悲は生じます。**

私は結婚する前に、家内が趣味にしていたテニスを無理に習ったことがあります。恋人同士が着るペアルックも同じ発想でしょう。仲良くなりたければ、同じ時間、同じ空間、同じ趣味を共有すればいいのです。

毎日変化がないとぼやいている人も、同じ方法が使えます。意識的に変化をつくり出すのです。帰宅ルートを変えてみる。食わず嫌いだった食べ物に挑戦してみるなど、いくらでも方法はあります。

一つ心配なのは、変化がなくてつまらないと言っている人が、変化のある生活をするようになると、変化がありすぎて疲れると愚痴をこぼすことです。

ないものねだりをするよりも、今、目の前にあるものの大切さを意識することからスタートしましょう。

ボランティアを〝菩薩の行い〟と読み替えると…

仏教で使われる言葉にボーディ・サトバがあります。これが音写されて菩提薩埵《ぼだいさった》になりました。悟り（ボーディ）を求める衆生（サトバ）という意味で、当初は悟りを開く前のお釈迦さまを表していました。やがて、菩提と薩埵それぞれの最初の文字を取って「菩薩」と略されるようになりました。

そのあと、「菩薩」は、まだ悟りを開いていない修行中の人、悟りを開いた如来が衆生を救おうと菩薩に逆戻りした人、悟りを開く力があるのに衆生を救うために如来にならずに菩薩に留まっている人など、さまざまな意味に解釈されることになります。

菩薩のモットーは、悟りを求めつつ、衆生を教化《きょうけ》する〝上求菩提下化衆生《じょうぐぼだいげけしゅじょう》〟で、その行いを菩薩行《ぼさつぎょう》と呼びます。

日本では阪神・淡路大震災で多くの一般市民がボランティアとして駆けつけたことから、一九九五年をボランティア元年と呼びます。

このボランティア活動には四つの原則があるそうで、全国社会福祉協議会が掲げているのは、一つ目は自主性・主体性で、強制されたものではなく個人の自由意志にもとづくもの。

二つ目は社会性・連帯性で、ソロ活動ではなく連携して行うもの。三つ目は無償性・無給性・非営利性で、金銭や物品と引き換えには行わない。四つ目が創造性・先駆性、開拓性で、社会で何が必要かを考えて、既存のやり方や考え方にとらわれず、問題を改善していくこと。なるほど、仏教で説く菩薩行に似ています（ただし、仏教では〝相手の心がおだやかになるために〟という大前提があります）。

初めてボランティア活動をする人は、何をどうして良いかわからないことがあるでしょう。定年後に社会に貢献しようと活動を始めたのに、なんとなくボランティア仲間から敬遠されている気がしたり、自分の活動をもっと感謝してほしいと思うこともあるでしょう。しかし、**そんな時はボランティア活動を〝菩薩の行い〟と読み替えることをお勧めします**。菩薩なら、自分が敬遠されていると感じたら進んで輪の中に入る努力をするでしょう。もっと感謝してもらいたいと思えば、感謝という交換条件をつきつけようとしている自分を恥じることでしょう。

日本では、ボランティア精神にはまだこれといった簡単な定義付けがないようです。二千五百年の歴史がある菩薩行のほうがわかりやすいと思うのですが、いかがでしょう。

不機嫌が消えていく 24

地域デビューで「空気が読めない人」にならないために

今までの自分の行動範囲、交際範囲が狭い中に限られていることに閉塞感を感じ、ボランティアやNPOスタッフなど、社会に貢献できる場に出ようとする人がいます。好奇心と少しの勇気さえあればできる、新しい自分探しでしょう。そこで今まで眠っていたコミュニケーション能力や芸術的才能が開花するかもしれませんし、それまでやってきた会計や事務能力を大いに発揮して重宝がられるかもしれません。

自分の力をもっと別の形で活かせないかと、実際に行動に移せるのは女性に多い気がします。熟年離婚なども、それまでモヤモヤが溜まっていた奥さんから切り出すことが多いのも、自分の可能性を信じ、そのために具体的に行動を起こせる女性ならではだと思うのです（何ら根拠はありませんが、そう考えないと多くの現象が、一人の男として納得できないのです）。

しかし、女性が集まると、夏の入道雲のように特有の雰囲気がわき上がってきます。「こう思うでしょ」「これはこうよね」と共感を求め、「私はそうは思わないけど」と否定的なことを言いにくい〝共感集団（私の造語です）〟の雰囲気が全体を覆うのです。お局やボス的な、声の大きな人（比喩ではなく、実際に声量がある人）の意見が通る不思議な環境です。**そのような共感集団のボランティアに男性が入れば、民主的とは言えない、つかみ所のない運営形態に圧倒され萎縮してしまうでしょう。その組織を改革しようとすれば〝空気が読めない人〟として疎まれ、無視され、排除されるのは目に見えています。**

そういう会なのですから、文句を言っても仕方ありません。そんなことは事前に了解した上で入ったのがいけないのです。大前提が「仲良く」の共感集団であって、その上でそれなりの成果を出しているのです。

自分の殻を破って新しい可能性を試そう、お金のためでなく純粋に人の役に立ってご恩返しをしようと思うなら、女性特有の共感集団の中で楽しくやればいいのです。実社会でバリバリ働いて成果を上げてきた人にとっては歯がゆいかもしれませんが、実力の半分くらいを使えば、仲良くするくらいは朝飯前でしょう。

女性が大半を占めるグループでは、色恋沙汰にだけ気をつければ、後は楽しみながらやればいいと、小学校のPTA会長をし、女性ばかりのご詠歌講（伝統的な仏教の讃仏歌の集まり）を主催している私は思うのです。

不機嫌が消えていく
25

履歴書人生とエントリーシート人生

お年寄りと話をする機会が多い私は、「履歴書人生」と「エントリーシート人生」について考えさせられることがあります。

履歴書人生は、それまで自分がやってきたことを誇りにしている人の生き方です。これまで多くのことをしてきたという自負が、自慢話で収束してしまうのは残念ですが、仕方ないでしょう。せめて自慢話の最後に「でも、そんな私を支えてくれた人に感謝しているんです」と感謝が加われば、とても気持ち良く聞けます。

もう一つのエントリーシート人生は、過去の経歴を踏まえて〝これから何をしたいか、何ができるか〟を積極的に考えて前向きに生きていく生き方のことです。

四十代から五十代の人が自慢話（履歴書）を披露すると、意地悪な私は「で、その実績を踏まえて、これから何をするんですか」とツッコミます。多くの人は面食らうので「次は、その先を聞かせてください。楽しみにしています」とフォローにならないフォローをします。

会社で努力し、我慢して、それなりの地位を得た人が、自分の知識と経験を社会のために活かそうとエントリーシート型の人生を歩もうと思い立ち、既存のボランティア活動に身を投じることがあります。

そこでよく問題になるのが、過去の肩書を含めた履歴だそうです。今まで全力で仕事に取り組み、成果をあげ、人望も集めていたのに、仕事の段取りも知らず片手間でボランティアをやっているような人間にあれこれ命令されるのは気に入らないという流れです。

ボランティア団体側からすれば、過去の肩書は尊重しますが、偉そうに「Plan（計画）、Do（実施・実行）、Check（検証・評価）、Action（改善・反映）のＰＤＣＡが大事なんですよ」などと演説されれば、自分たちのやり方を否定されたと感じ、新参者を疎ましく思うのはわかりきったことです。

それがわからないなら〝鼻高々の天狗のお面、裏から見たら穴だらけ〟、これまでやってきたことの誇りが、心の埃《ほこり》になってしまっているのかもしれません。

刀は鞘《さや》に、鑓《やり》は袋に納まってしまったと言われる平和な江戸時代でも、何かの時に役に立てればいいと武術の鍛練を欠かさなかった武士がいたそうです。どれほど過去が輝かしい栄光に飾られていても、〝能ある鷹は爪を隠す〟、その経験は何かの時に役に立てばいいとして、肩肘を張らずに楽な気持ちで参加したほうがいいでしょう。

最愛の人を亡くした孤独と寂しさは別物

「なくしたものを嘆くより、今あるものを大切に」は、物、地位、財産などの場合は「無くした物を嘆くより、今ある物を大切に」とし、親しい人が死んでしまった場合は「亡くした者を嘆くより、今ある者を大切に」として、身近にある幸せを再認識して喪失感を乗り越えていくための名言だと思います。

なくなってしまった物でも、代替品を手に入れれば再び幸せな気分に浸ることはできるでしょう。愛着あるスマホが壊れれば、同じ機種の最新モデルを買えばそれで気が晴れます。恋人と別れても新しい恋人ができて幸せになれる人はいくらでもいます。〝人生一生、酒一升、あると思えばもう空《から》か〟と言われますが、人生の代替品はなくても、お酒がなくなれば新しくお酒を買えばすみます。

しかし、幸せの青い鳥のように身近にある幸せを再認識しても埋まらない、乗り越えられない寂しさがあります。その最たるものはわが子の死と伴侶の死でしょう。

「死んでしまった事実は認められるようになりました。でも残った寂しさがどうにもなりま

せん」という言葉を遺族からよく聞きます。

亡き人の代わりは誰にもできません。まさにかけがえのない人なのです。亡くなってしまったわが子、あるいは伴侶と楽しく過ごそうと夢見ていた未来を置き去りにして、大切な人が欠けた今日、明日を自分だけが生きなければならないのです。

その寂しさを孤独と表現する人がいますが、**孤独と寂しさは別物でしょう**。孤独でも寂しいと思わない人はいます。

本を書くのは孤独な作業ですが、それを寂しいと感じたことはありません。孤独でいるのが寂しいと感じるなら、仲間を作れば寂しさは解消します。しかし、親しい人を亡くした寂しさはそんなことでは解消しません。

残念ながら、私は六十歳になった今も、この寂しさを埋める術を知りません。あの世で再会できるとロマンを抱いても、あるいは確信していても、今日の寂しさはなくならないでしょう。じっと耐えていくしかないのかもしれません。

人の心は寂しさを抱えたまま耐えていくことで深くなり、澄んでいく気がします。

軽い親切心で「元気を出して」「前向きになって」と励ますようなことはせず、じっと耐えている人の邪魔はしないよう、そっとしておこうと、私は思うのです。

不機嫌が消えていく
27

相互依存から自由になる

ペットロスなど、自分が頼りにしていた、あるいは自分が頼りにされていることに生きがいを感じていた相手がこの世からいなくなると、どうしようもない悲しさに打ちひしがれる人がいます。

この悲しみから立ち直るには、二つの坂を乗り越えなければなりません。

一つは、死んだ相手なしでは普通の生活ができないほど、相手に精神的に依存していた事実を認めることです。

相手に依存するのは、あくまでこちらの都合です。相手がそれを望んでいたのか、ひょっとしたらこちらにも依存させてしまうような関係だったのかもしれません。**互いが寂しさという傷を舐めあうような関係は、お互いにとって、いい関係とは言えないでしょう。**

自分はそのように弱い人間なのだと認めることが大切でしょう。そこから、依存しないで生きていける強い人間になろうと願うのです。

二つ目は、あの世に逝ってしまった相手について考えるのです。

死んだ愛犬の遺骨をペット墓に納める、あるいは敷地に埋めることができずに、家に置いている人から相談されたことがありました。身近に遺骨を置いておくことで、自分がまだ面倒を見ている気がするのでしょう。

生きているペットの面倒を見るのは現実ですが、家に骨を置いておいて死んだペットの世話をしている気になるとしたら、それは亡霊と仲良くしているようなもので、現実と霊界の区別がつかなくなっている異常事態です。

私は相談者に「そろそろあなたの手から放して、自由にしてあげたらどうですか。あちらの世界で、親やきょうだいと仲良く遊ばせてあげたらどうですか」とアドバイスしました。

強烈な相互依存の関係を結んでいた人は「私がいないと駄目なはず」と思ってしまうかもしれません。その時は、再び一番目の「自分も相手も互いに依存しないでいられる関係を目指す」という坂を越えなければいけません。

それをしないと、相互依存できる相手を次から次へと求めつづけることになります。「亡くなる」という言葉は人間が死んだ時に使う言葉で、動物には使いません。「飼っていた犬（猫）が亡くなって」とおっしゃる方はペットが家族の一員だったのでしょうが、言葉の使い方を「死ぬ」に変えて、強い依存を切り離す糧《かて》にするといいかもしれません。

不機嫌が消えていく 28

生きがいのセイフティ・ネットを張っておく

私が住職をしているお寺で奇数月に一度行っている「法話の辻」は参加型の法話の会。みなさんの人生と、仏道の交差点にしてもらいたいことからのネーミングです。

この会で「これさえあれば私は生きていけるというものは何ですか」という質問をしたことがありました。「ただし、いつなくなってしまうかわからない、お金と健康は除きます」とつけ加えました。

すると、十五人ほどの参加者の目が点になりました。大半の人が腕組みをし、目をつぶって考える人、首を傾げてうつむく人、焦点の定まらぬ目で斜め上を見上げる人など、考えに考え抜いている様子。

その結果、家族と友人という答えが大半を占めました。

しかし、家族や友人でも、何かのきっかけで決別することがあります。ですから、人生の杖としては不安定でしょう。

仕事が生き甲斐だった人が、定年してもぬけの殻のようになってしまうこともあります。

お金が命のように思ってため込んでいたのに株価が暴落して、財産の値打ちが二束三文になってしまい絶望のふちに立つ人もいるでしょう。

ゴルフ三昧の生活を享受していたのに、腰を悪くしてイライラし、周囲に当たり散らす人もいます。

私は巡礼などで歌われる讃仏歌を三十年以上、多くのお寺でお伝えしてきました。僧侶として歌を通して布教しているという自負もあります。一方で「ハリのある声が出なくなる時が必ず来る」といつも覚悟しています。ありがたいことに六十歳になった今でも声は出ていますが、その声が出なくなったら歌を通した布教はできなくなります。

こうして本を書かせてもらうのも私にとって人生のハリになっていますが、何かの病気になって指が動かなくなれば、もう本は書けないでしょう。

しかし、そうなれば観たかった映画を観ることができます。耳が遠くなれば読みたい本は山のようにあります。目が悪くなって文字が読みにくくなれば瞑想する時間を持てるようになります。

このように、**現在熱中していることができなくなった時のことを、今のうちに考えておく**

ことはとても大切です。

これがダメならあっちがあるさ、そっちがダメならこっちがあるさという具合。セイフティ・ネットを張っておくのです。

人生を歩くための杖は一本でなく、たくさん用意しておいたほうがいいですよ。

6章

心の風通しがよくなる急所

不機嫌が消えていく 29

言葉のジャブ合戦をするゆとりを

気の置けない家族同士の会話はいいものです。時に声を荒らげたり、乱暴な言葉を使うこともありますが、売り言葉に買い言葉で、相手が投げる言葉の直球を正面で受けて、それを剛速球で返さなくてもいいのです。相手がグーを出したらパーで包むのも、握っている手をくすぐって開かせるのも愉快なものです。

私が使ったことがあるいくつかをご紹介します。

「クソババア（ジジイ）」と言われたら——「そのクソから生れたのは誰だ？　私がクソならお前はさしずめ糞だ。ふん！」と返せば相手は黙ります。「私のクソは〝なにくそ〟のくそだ。そうやってがんばってお前を育てたんだ」と返す手もあります。

「うるさい」と言われたら——「五月蠅《うるさ》いって漢字も書けないくせに言うな」と返せば相手は難しい漢字が勉強できます。「私の声がうるさく聞こえるようなら、耳が悪いんだ。耳鼻咽喉科へ行って、ついでに、そのへらず口も治療してもらうといい」でもいいでしょう。

「放っておいて」と言われたら——「味噌や年代物のワインじゃあるまいし、そんなことができるものかね」と返せば、相手はヴィンテージ物になったような気がするかもしれません。他にも「放っておいたら今のお前みたいになったんだ、これ以上放っておけないから言っているんだ」と現実を突きつけても面白いでしょう。

「いちいちうるさい」と言われたら――「いちいちうるさいのはあたり前だ。二二《にーにー》うるさかったり、三三《さんさん》うるさく言えるものか」と返しましょう。そこで「四の五のうるさいんだよ」と言われたら「四の五の？　足して九か、そりゃいい。クックックッ」と笑う手もあります。

「なぜ言うことを聞かないのだ」と言われたら――「言うことを聞かないのはそれなりの理由があります。その理由は聞かない方が身のためです」と不気味さを与えるのも愉快です。

「いい加減にしなさい」と言われたら――「いい加減というのは、ちょうどいいって意味だよ」と返します。

「懲りない奴だな」と言われたら――「あなたから〝懲りない奴〟のお墨付きをいただいて、これで世間を渡っていけます。ありがとうございます」と笑顔で感謝します。〝笑顔に向ける刃《やいば》なし〟です。

別項でご紹介している「鏡を見せましょうか」も、広範囲に使える返し文句です。

悪口雑言を言っても言われても、家族は翌日には忘れて「おはよう」と言える仲です。楽しく言葉のジャブ合戦をする心のゆとりを持ちましょう。

不機嫌が消えていく
30

浮気、裏切り、ないものねだり

「浮気じゃなくて本気なら、それはそれでたいしたものだよ」と感心しながら言ったのは先輩のお坊さんでした。その先輩の友人が浮気をして奥さんと離婚して、浮気相手と一緒になり、今は離島で生計を立てて暮らしているというのです。

元妻の親きょうだいや親戚をはじめとした世間からの批判、非難を甘んじて受け、もうその人たちと連絡を取らないという覚悟と、なじみ深い土地を離れて自分たちを誰も知らない場所で、一から生活をスタートさせる覚悟をしているなら、浮気ではなく本気でしょう。だから「たいしたものだ」になるのです――ここまでは、第三者から見た浮気の覚悟。

ショックなのは元妻でしょう。互いに信頼しあって二人で幸せになろう、そのために一緒に暮らしていこうと誓ったのに、夫の浮気が発覚した時の怒りとショックと絶望感は、はかり知れないものがあります。

しかし、浮気によるゴタゴタは掃いて捨てるほどあるのですから、それぞれの状況は異なっていても、何が問題だったのかを探り、解決する方法はあるでしょう。

筆頭にあげられる原因は〝ないものねだり〟という欲でしょう。浮気の場合なら伴侶にないものが魅力的に見えるというわがままのことです。奥さんが専業主婦ならキャリアウーマンがキラキラ見え、ロングヘアならショートヘアに新鮮さを覚え、真面目なら茶目っ気のある人が魅力的に見えます。

しかし、いくら新鮮で魅力的に見えてもまたすぐに飽きるのが〝ないものねだり〟の特徴です。今、そこにあるものの良さを確認して満足する技を身につけないかぎり、どこにも安住の地はありません。それを本人が気づくかどうかでしょう。

この〝安住の地〟は生活をする上で一つのキーワード。落ち着ける場所があることは大切です。顔を合わせれば文句ばかり言われる針の筵《むしろ》のような家には、誰も帰りたくありません。

もっとも大きな問題は裏切りでしょう。

しかし、周囲の状況が変われば、人は驚くほどあっけなく裏切ります。

頼んだことを「わかった」と言ったのに、他にやることができた、気分が乗らなくなったなども、本人にしてみれば状況の変化です。こちらとしては到底納得できなくても、本人にすれば正当な理由なのです。もちろん、裏切らないという信頼関係があるから成し遂げられることはたくさんあります。

「ないものねだり」や「裏切り」、あなたならどう処理しますか。

不機嫌が消えていく
31

病気の不安…仲良くシェアすればいい

健康寿命やクオリティ・オブ・ライフ（人生の質、略してＱＯＬ）などの言葉を見聞きする時代になりました。二人に一人が癌《がん》になる時代になって、癌の早期発見をはじめ、生活習慣病の早期発見のために健康診断の重要性が多くの人に認識されるようになりました。

健康診断でどんな判定がなされるか、異常はないだろうかと待つだけで胃が痛くなる人がいます。いわんや〝要再検査〟の判定が出て検査すれば、その結果が出るまでまた不安な日々を過ごします。

そして、検査の結果「癌の疑いがあります」と言われようものなら、足元が崩れるような恐怖を感じる人もいるでしょう。そして、再び精密検査があり、その結果を待たなければなりません。まるで、真綿で首を絞められているような日々でしょう。

そんな時に、まず明らかにしないといけないのは、検査結果の善し悪しは自分の力でどうにかなるものではない、いまさら健康に注意しても、検査結果は変わらないという当たり前のことです。自分の力でどうにもならないことを悩んでも仕方がありません。

自分がこれだけ不安になるのだから、家族に言えば家族も不安になるから黙っていようと思って不安を独り占めする人もいるようですが、それは浅知恵というものでしょう。

家族を不安がらせないようにという小さな親切は、家族にしてみれば大きなお世話です。言ってくれれば励ますこともできます。

所詮《しょせん》当事者ではないので、勝手気ままなことを言うのは当たり前と心得て、不安を仲良くシェアすればいいと思います。

そして、検査結果が出るまでの、他の状況では経験できないような不安を、「こんな奇妙な不安が人生にはあるのか。面白いものだ」と楽しめばいいのです。

そして、癌と診断されたら、キューブラー・ロスが発表した、患者が辿る五つの心の過程を知っておきましょう。

〔(そんなはずはないという)否認〕→〔(冗談じゃない、どうして他の人ではなく私なのだという)怒り〕→〔(なぜこんなことになったのだ、あれがいけなかったのか、これがいけなかったのか、では何をすればこの苦しみから解放されるのかという)取引〕→〔(現実にそうなったことに押しつぶされそうな)抑鬱〕→〔(仕方がないと諦めて治療を積極的に受ける)受容〕です。このプロセスを知って、現在の自分の心の位置を確認できるのは、病気を受容していくのにとても大切だと思います。

備えあれば憂いなし、病気の不安を除く手順は知っておきたいものです。

不機嫌が消えていく
32

「失敗しても周囲を明るくする人」になる練習

その昔、中国に塞《さい》という名前の翁《おきな》がいました。

ある時、飼っていた馬が逃げてガッカリしていると、その馬が別の一頭を連れて帰ってきてラッキー！と喜びます。ところがその馬に乗った息子が落馬して大怪我をして、塞じいさんは悲嘆にくれます。時あたかも戦争があり、多くの男たちが戦死してしまいますが、怪我をしていた息子は兵役を免れて死なずにすんで、じいさんはほっとします――人は何が幸いし、何が禍になるかわからないから、やたらと喜んだり悲しんだりしなくていいという〝塞翁が馬〟の物語です。

他にも〝禍福はあざなえる縄のごとし〟や〝幸せや不幸はいつまでも続かない〟など、人生は順風満帆とばかりにはいきません。いいことが続けば、そのうちしっぺ返しのように悪いことが起こるだろうと不安になることもあるでしょう。

五十歳を超えるくらいになると、人生は悪いわけでもなく良いわけでもない時間がもっとも多いことに気づくのですが、絶好調と絶不調の時は、人生は上り調子と下り調子しかないジグザグだと思うのかもしれません。

さて、いいことが続くとそのうち悪いことが起こるかもしれないと、常日頃から考えておけば、実際に悪いことが起きた時のショックが少なくてすみます。「やはりこうなるか。思った通りだ」という具合です。

自分の身に今後どんな不幸が起きるかを予測して、準備をするのはいいのですが、人は窮地に追い込まれた時に本性が出ます。

アナウンサーの最終選考は、失敗した時に出る本人の表情で決まると聞いたことがあります。

失敗をした時は窮地に追い込まれた時です。その時に、周囲を寄せつけないような表情をする人は合格できないそうです。失敗しても周囲を明るくする人を採用するのだそうです。

それを聞いて、私は、我が身に悪いことが起こった時に自分のどんな本性が現れるのか楽しみにしています。怖いもの見たさが半分ですが、果たして自分にその難局を乗りきる実力が備わっているかを試す絶好のチャンスだと思うのです。

何もできずにただオロオロするばかりかもしれません。他人に八つ当たりするかもしれません。しかし、そうなったとしても「なんだ、自分の実力、本性はこの程度だったのか……」とにっこり笑って反省して、新たな自分磨きに取り組もうと思っています。

不機嫌が消えていく 33

心配事があるときの「三日間」の過ごし方

「浜の真砂は 尽くるとも 世に盗人の 種は尽くまじ」は石川五右衛門辞世の句と言われていますが、これをもじって、私が時々口にするのは「浜の真砂は 尽くるとも 心配事の 種は尽くまじ」です。

心配しつづけていれば、何も手がつきません。昔、中国の杞の国の人が「いつか、空が落ちてくるのではないか、大地が崩れ落ちるのではないか」と憂いていたという杞憂の話そのままです。

そんな心配をしながら過ごすのは真っ平御免だと私が思ったのは三十代のころでした。そこで、取り組んだのは心配事の本質を見極めることでした。

将来年金がもらえるのだろうかという心配の本質は、〝生活できないと困る〟で、もう一歩踏めば〝生活できないと死ぬ〟であり、最終的には〝死にたくない〟に行き着きます。独り暮らしの親を心配する本質は〝かわいそう〟〝親孝行できない〟を経て〝何もできない自分の不甲斐なさ〟に集約されるかもしれません。

こうして心配の本質にたどり着いたら、その問題を解決するための方策を考えます。

〝死にたくない〟を解決するには、だれでもいつか死ななければならない、自分が餓死して社会問題になって国の新しい方策が立てられれば、自分が死んでも犬死にならないと考え、この時代にこの国に生れたのだから仕方がないと覚悟していくことです。

独り暮らしの親が心配で、その本質が〝親に何もできない自分の不甲斐なさ〟なら、毎日連絡を取ったり、数カ月に一度一緒に過ごす時間を作ったりして、負い目を少しでも解消していくのです。それくらいしかできない自分を認めることも必要でしょう。

自分がたどり着いた本質が本当のものでなくてもかまいません。本質を模索し、解決方法を実践しても解決しなかったら、見当をつけた本質が違うのでしょうから、あらためて本質探しをすればいいのです。

私は心配事があると、右の過程を三日間でやるようにしています。初日はこのままでは埒《らち》があかないと気づくまで心配しつづけます。二日目は本質探しにあて、三日目に解決に向けて実践し始めます。

三日でできなければそれぞれの過程を一週間にして、三週間をメドにします。

上機嫌でいるには、これくらいの努力は楽しんでやることが必要でしょう。その努力もせず心配ばかりしていられるほど、人生は長くありません。

相続トラブルを避けるために

人の欲望にはさまざまなものがあります。その欲のために私たちの心は千々に乱れ、人と争うことになります。その中で、東京下町のお寺の住職をしている私が、身近にその悲惨さや醜さを感じるのは、お金をはじめとした財産に関わるイザコザ、相続のトラブルです。

親は子どもに仲違いさせるために財産を築き、貯えたわけではありません。子どもたちが苦労しないようにと身を粉にして働いたのです。その財産を獰猛《どうもう》なピラニアが獲物を襲うように食いつくそうとするさまは、周囲から見れば憐れささえ誘います。

相続に関する法律は徐々に整備されていますが、それでも人情という感覚からは納得しがたいところがあります。

親が建てた家に同居していた息子夫婦でも、親が亡くなればその家も土地も財産として分割されます。土地や家を売って現金化しないと子どもたちは平等に財産を分けられません。同居していた息子夫婦は住むところを失うのです。その上、親戚の冠婚葬祭やお中元やお歳暮などは、家督を相続した息子夫婦がそのまま継続します。遺産は平等に分配する中で、家督を相続する人の負担は大変なのです。

経験上、親が遺言を残さず、生前贈与もしていない場合は、まずは専門家に頼んで法律によって相続したほうがいいでしょう。いくら法律に不備があっても、法に則っているかぎり表立って文句は言えません。その上で、相手を慮《おもんぱか》ったつきあいをすればいいのです。

家督を相続した人には旅先から美味しいものを送ったり、親戚が集まる席では積極的に褒めたたえ、感謝していることを周囲に示したりするくらいはしたいものです。話し合いで円満に相続したけれど、自分のほうに利があると思う人も、相手に対してそれくらいの心配りはしたほうがいいでしょう。「してやったり」とは、くれぐれも思わないほうがいいでしょう。

ここに書くのは憚《はばか》られますが、トラブルになる相続の陰で、相続人の伴侶が間接的な利益を狙って糸を引くケースも少なからずあります。

金銭欲はそのままむき出しの欲ですから、やがてその欲が伴侶や社会に向かい、夫婦そろってトゲトゲした人生を歩むことになります。

それを覚悟でやるなら仕方ありませんが、私はそんな人生は真っ平ごめんです。

そうならないように、私は三人の子どもたちに「自分だけ得をしようと思って相続で揉めたら、化けて出るからな」と嚇《おど》しておこうと思います。

不機嫌が消えていく
35

そっと横に置く言葉がある

二十五歳で結婚して数年たった頃、つまらないことで夫婦喧嘩をして互いに無言行に入ったことがありました。

それから数週間後、「**お前なんか嫌いだと三日間言いつづければ、離婚できる。それほど夫婦関係はもろいものだ**」という言葉を知ってゾッとしたことがあります。

喧嘩の後に、互いに半日ほど最低限の会話しかしないだけで、夫婦間に亀裂が入るのです。積極的に「嫌いだ」を三日間言いつづければ、互いの不機嫌が増幅されて亀裂はさらに広がり、修復不可能になることは想像に難くありません。

私はエネルギーという言葉が好きで、「**人を憎みつづけるエネルギーと人を許すエネルギーはほぼ同じ**」という言葉を思いついたこともあれば、『般若心経』の中で出てくる不生不滅・不増不減を「エネルギー保存の法則のことです」と説明することもあります。

夫婦の片方が抱える怒りや鬱などの負のエネルギーは、何でも呑み込んでしまうブラックホールのようなもので、そのままにしておけば、そばにいる伴侶を引きずり込んでしまうほど強力です。一時的な怒りなら、触らぬ神に祟りなし。その人から物理的に離れて数時間もすれば、嵐はおさまりますが、鬱くらいになれば、そうは問屋が卸しません。

リストラや仕事で失敗して鬱になった人が家にいるだけで、空気が重くなり、雰囲気が暗くなります。鬱になっている本人が一番辛いのはわかりきったことですが、腫れ物に触るように気を使っていると、いつの間にかこちらも不機嫌になっていきます。

そのままにしておけば、行き着く先は共倒れです。鬱になっている人が回復するまでは、どうにかこちらが持ちこたえなければならないでしょう。

そのために、共感しなくてもいいので、まず、相手を理解しようと努力したいものです。リストラされたのなら、会社から必要な人材だと認めてもらえなかった惨めさや、将来の経済的な不安に怯えての鬱かもしれません。マリッジブルー、マタニティーブルー、フレッシュマンブルー（私の造語です）などは、思っていたことと現実のギャップに折り合いをつけられない苦しみが原因の鬱でしょう。

そこで、「悲しいね」「不安だね」「今は明るい未来が見えないのですね」と理解しようとしている言葉を、そっと横に置くのです。

自分の苦しみの理解者がそばにいてくれるだけで、それ以上沈まないですみますし、近くにいる人も負のエネルギーに引き込まれずにすむことは多いものです。

不機嫌が消えていく 36

会話はすべて、相手のためにある

私は人前で話す機会が多いほうでしょう。人前以外では、近所の野良猫を前に「お前さん、いつも呑気でいいねぇ」と話しかけるくらいです。

そんな私を「話し上手でいいですね。私なんて人前ではとても話せません」とうらやましがる人がいます。その人は奥さんやお子さんとなら話せるとおっしゃるので「ということは、奥さんやお子さんは人ではないということになりますが……」と皮肉を言います。

頭を叩かれれば、だれだって「痛っ」と言います。話が下手でも「かゆい」と言う人はいません。話はそのくらい単純なものです。

しかし、目上の人と雑談をする場になると、焼き冷ましの餅みたいに固くなって、何を話せばいいのかわからない人がいるそうです。失礼なことを言ってしまわないか、聞き方は大丈夫かと気になるのはよくわかりますが、コツをいくつか知っていれば問題ありません。私が住職をしているお寺で行われていた「話の寺子屋」の講師をしていただいた、大ベテランの村上正行アナウンサーから教えていただいたことを、いくつかご紹介します。

話の第一の要件は、言っていることが正確に伝わるということです。右と言ったら、左ではなく、右と伝わることです。第二の要件は横に置いて、第三の要件は、相手にアクションを起こさせることです。「下を見てください」と言って相手が下を見なければ、話は機能していないことになります。

そして、第二の要件。それは、こちらが心を開くことです。相手が「私に下を向かせておいて、その間に薄くなった頭頂部を観察するのではないか」と疑えば、下を向いてくれません。

電車に乗って隣にいる人に、「私は○○まで行くのですが」と前置きしてから「どちらまで?」と聞けば答えてくれる可能性は大きくなります。

こちらが心を開かないと、アクションを起こさせるという第三の要件を満たせないのです。

相手を前にして固くなるのは、心を開かない状態と同じです。固くなっている心を開くのは大変でしょうが、それを打破する方法があります。

それは、話はすべて、相手のためにあると思えばいいのです。「お元気そうですね」「お仕事大変でしょう」など、とことん相手に関心を持って、思ったことを素直に言えばいいのです。

自分のことを言おうなどと、露ほどにも思わないほうがいいです。自分の言いたいことしか頭になくて、さんざん失敗している私が申し上げるのですから、間違いありません。

不機嫌が消えていく 37

目立たない素敵な人の共通点

人のやり方には三つあるそうです。正しいやり方、間違ったやり方、そして〝私（俺）のやり方〟なのだそうです。

私は、人生のほぼすべてを「私のやり方」でしかやってこなかったことに気づいて、ニヤリとしたことがありました。間違っているやり方を自ら進んで選ぶ人はいないでしょうが、正しいやり方がわかっていてもそれを選ばずに、自分流のやり方でしか人生を歩いていけないのが私たちなのかもしれません。

私は子どものころから、人を楽しませるのが好きでした。人を楽しませることが自分の幸せだったのです。ところが、どうすれば人が喜ぶかばかり考えているので、こんなことをしたら人を傷つけるのではないかと考えません。心の天秤に「人を楽しませる」と「人の嫌がることをしない」を載せれば、「人を楽しませる」ほうにしか傾かないのです。

実家の近所に素敵なおばあちゃんがいました。小学生の時、私が回覧板を持っていくとガムやチョコレートを必ずくれました。大人になってからも、小さなお寺の住職になった私の生活が困らないようにと、私が三十歳になる頃までお年玉をくれたのも彼女でした。一見、彼女も人の喜ぶことを楽しみにしていたように見えますが、実態はまったく違います。

いつもはとても静かなで、人の嫌がることをしないことに比重を置いている人でした。大人になった私にお年玉をくれる時も、私が実家へ行く時間の三十分も前から駐車場の隅でそっと私を待ってくれていました。人が喜ぶようなことをするのは、たまにだったのです。

たいして多くもない人間関係ですが、今まで会った素敵な人の多くは、「人の嫌がることをしない」をモットーにしている人だった気がします。私のように、人を楽しませることしか頭にない人の中に、素敵な人やいい人は少ないのです。それは、喜ばせることばかり考えていて、その裏で傷ついている人がいても気がつかないからでしょう。

ですから、私にとって、正しいやり方は「人の嫌がることをしない、おとなしくて目立たない」です。しかし、実際に私がやっているのは、相変わらず人に喜んでもらうという「私のやり方」なのです。いつか天秤のバランスをとりたいと思っています。

控え目で地味な人の中には、明るく元気溌剌《はつらつ》な人がうらやましい人もいるかもしれません。しかし、引け目を感じなくていいのです。

人を傷つけることにも気づかない明るい人より、あまり目立たず、人の嫌がることをしない人のほうが、ずっと素敵だと思います。

不機嫌が消えていく
38

チャンスをつかむ、いつの世でも確実な方法

「チャンスの神さまには前髪しかない」と言われます。チャンスが前からやって来たら、自ら進んでそれをものにしなさい、すれ違った後からチャンスをつかまえようとしても遅いですよという、先人のアドバイスです。

「これをやってみないか」と言われて、他の人を引き立てるために遠慮するならいいのですが、自信がなくて他の人に譲り、後からやっておけば良かったと後悔することがあります。

私は過去に二度、そんな失敗をしました。

大学を卒業する時に大学の職員にならないかと言われました。しかし、採用面接の「採用されなかったらどうする」との問いに、私は馬鹿正直に「留学して勉強したいと思います」と答えてしまいました。結果はもちろん不採用です。大学側にすれば、他にも職員になりたい人がいるのだから、私には留学してもらい、学者になって大学に戻ってきてもらったほうがいいだろうという判断です。結局、留学を決める前に高校教師になる話が来たので、それに乗っかりましたが、あの時「大学の職員以外に道は考えていません」と答えなかったこと

を、その後一年ほど後悔した記憶があります。

二度目は高校教師を辞めて二年後のことです。ハワイのお寺で職員を募集しているから英語が話せる私を推薦してくれるというものでした。二十代前半だった私は、海外で僧侶として働ける経験もなく、知識にもまったく自信がなかったので、丁重にお断りしました。あとからふり返れば、若いから冒険ができたし、ハワイでの僧侶生活はその後の私にとって大きな力になったことでしょう。やればよかったのにやらなかったことによる後悔は、今のところ、このハワイ行き断念が最後です。

人生の大きな転機になるチャンスの神さまが現れたのに、それをつかみそこなった経験を二度もした今、あんな後悔はもうこりごりだと思います。

もちろん、チャンスではあってもそれが自分の手に余り、多くの人に多大な迷惑がかかると判断すれば、今でも手は出しません。納得して手を出さないので後悔はしませんし、不機嫌になることもありません。そして、似たようなチャンスが来たら、次は逃さないように努力しています。

成人しても自己肯定感が弱くチャンスを逃してばかりいる人は、小さな成功体験を積み重ねるために努力するのが、自分を肯定し、前からくる神さまをしっかりつかまえる、もっとも確実な方法でしょう。

不機嫌が消えていく
39

新しい環境で、まず見極めたいポイント

慣れ親しんだ職場から離れてボランティアに加わったり、新しい職場に移ったりする時は、幼稚園から小学生になるような不安と大きな夢が入り交じった、とても新鮮な気持ちになります。

新しい場所で、未知への不安を解消し、心おだやかに夢を実現していくには、心得ておかなければならないことがあります。

それは、新しい環境の人間関係のパワーバランスです。

誰が力を持っているのか、誰に人望があるのか、愚痴の多い人は、ズルする人は、ワンマンな人は、マイペースな人は、単独行動が好きな人は——など、なるべく早く見抜く必要があります。それが見抜けないうちは静かにしていたいものです。

自分を偽ってまで静かにすることはありません。言われたことを普通にやり、気づいたことをやればいいのです。これは誰に取り入ればいいかを見極める姑息な目的のためではなく、自分の能力や才能を発揮するための予備調査のようなものです。

それを考えずに、新しい場所に早く馴染もうとテンションを上げ、株を上げようとするのはかえって逆効果。新しく入った趣味のサークルの宴会で女性陣と盛り上がっていたら、古株のリーダーに嫉妬されるなどという図は、今宵もどこかの居酒屋の個室で見られる風景でしょう。嫉妬する古株を器量の狭い人間だと責めることはできません。古参の人に敬意を払うのは当然です。

上下の差がない「同列」が基本の趣味などの世界では、出る杭は打たれるか抜かれます。他の杭より出たければそのくらいは覚悟しないといけないでしょうし、出るくらいの覚悟があるなら打たれたくらいでへこまない覚悟も必要でしょう。

ある職人の親方が生意気な弟子に言います。「俺はお前が生れる前からこの仕事をやってるんだ」。すると弟子が言い返します。「ふん、威張るな。俺はあんたが死んでからもやってるんだ」――私の大好きな会話です。

この会話はサークルなどでも通用するでしょ。「私はあなたが入る前からやっているんですよ」「ふん、威張るな。私はあんたがやめた後もやってるんだ」。

こんな言い合いになるのは、生意気な新参者が原因です。先輩にそんなことを言わせてしまったことが、関係がチグハグする発端だったのですから、パワーバランスをよく見極めて、後輩はなるべく先輩を立てた方がいいですよ。

不機嫌が消えていく 40

年を重ねると生活より「生き方」が問われる

人の一生には、生活と人生という二つの側面があります。生活は食べていくための仕事、世間とつきあっていくための世間体などが必要ですが、人生は生活を含めた生き方のことです。**年を取ると生活よりも、どんな生き方をしてきたか、どんな生き方をしていくかという人生が徐々に問われるようになります。**

その点で、僧侶は生活するための職業ではなく、生き方だと思っているので、私が僧侶になってからの時間はすべて人生だと決着しています。

生活は周囲に対する体面もありますし、上手に世間を渡っていくための処世術も必要になるでしょう。中には仕事とプライベート、生活と人生を使い分けるように、表と裏を使い分ける人もいるでしょう。表裏を適当に使い分けたほうが自分にとって都合がいいと判断してそのように生きるなら、それはそれで天晴《あっぱ》れな覚悟だと思います。

実際、表裏なく生きるのはかなり覚悟が必要です。表裏なく自分の思っていることをそのまま言えば人間関係に亀裂が生じるでしょう。

私が話し方を教えてもらった村上正行アナは長い経験から、言葉が人を傷つけることはないとおっしゃっていました。「バカ」という言葉も、恋人同士が使えば愛情表現の一つです。傷つけるのは、言葉を発する根底にある話し手の心なのだと村上さんはおっしゃいました。「相手をバカだと思う心が、すでに相手を傷つけているんです。だから、人と話をするなら自分の心を磨くしかありません。心を磨いておけば、どんなことを言っても相手を傷つけることはありません」――その通りだと思いました。

心を磨いておけば表も裏も気にせず、思ったことを言えるようになります。逆に思ったことを言って相手を傷つけてしまうなら、心の磨き方がまだ足りないということです。少なくとも私は、そのように考えて、死ぬまで心を磨きつづけようと思っています。そうすることで、世間体を気にしなくては成り立たない生活が、生き方としての人生にきれいに包み込まれていくと確信しています。

生活に追われて生き方としての人生を考える余裕がない人は、日々身を置く生活で表裏があるのは仕方がないと割り切っているかもしれません。そんな人がそばにいて嫌な気分になったら、「表裏があるのはオセロの石みたいでいいのですが、せめて私にはお月さまみたいに、表だけを見せておいてくれませんか」と、タイミングを見てユーモアを絡めて言ってはいかがでしょう。

人生は山脈…ピークは一つではない

人の体力や知力、記憶力、適応力などの能力は、ピークを迎える年齢がある程度決まっていると言われます（個人差はあります）。また、すべての能力がそろって最高潮を迎えることはないと言われます。

情報からさまざまな関連性を考えて人を動かすような政治的な能力は四十代ではまだ覚束ないでしょうし、語彙がもっとも豊富なのは六十代でしょう。

こうしたことがわからずに、健康でバリバリ仕事している間が人生だと思っていれば、思わぬところでつまずくことになります。定年後は現役生活を懐かしがってばかりで、付け足しの人生だと思って寂しくなり、病気になって体力がなくなっただけで「人生のピークは過ぎた」としょぼくれてしまいます。

父が晩年よく言っていた言葉に「病は気からと言うけれどな、気は病からということもあるんだよ」があります。五十代で受けた初期の胃癌の手術の輸血からC型肝炎になり、そこからは肝硬変、肝臓癌というお定まりのコースを辿った父でした。肝機能がダメージを受けてジェットコースターのように体調が変化し、弱気になった時に「もうだめだな」と言うと、私は「病は気からって言うんだから、がんばりなよ」と励ましました。その時に必ず言っていたのが「気は病から」でした。

自分ではがんばろうと思っても、体はだるく微熱が続き、実際に動くことができないので筋力も衰えます。その体の変化が気持ちにも影響を与えるのは仕方がないでしょう。

この経験から、病気になった人が気の弱いことを言っても無理に励ますことはやめました。病人が弱気なことを言うのは、本人が言っているのではなく、病気が言わせているのだと思って、「体が辛いんですね」と共感するようにつとめています。

しかし、人生のピークは年齢に応じて次々にやってきます。

人生は一つの山ではなく、多くの山々が連なった山脈のようなものでしょう。体力、知力、記憶力、創造力、判断力、行動力、協調力、共感力などのピークが続いているのです。病気になって体力あるいは生命力のピークが過ぎても、創造力や判断力、共感力など、ピークに達していないものがたくさんあるのです。

私は、死を受け入れる受容力と、「やることはやった」という肯定力のピークを、人生山脈の最後に持ってこられるような生き方ができたらいいと思っています。

おわりに

機嫌という言葉は、「ご機嫌いかがですか」のように感情や気分を表したり、「ご機嫌ですね」など、良い気分の意味にも、「ご機嫌うかがい」などの人の安否や近況にも使われます。

しかし、もとは仏教語で、かつては「譏嫌」と書いて「そしり嫌うこと、嫌悪すること」。また「他人が嫌うことをうかがい知ること」を表しました（譏は、言＋幾（近くにせまる）で、相手に鋭くせまって問いただすこと）。

経済的基盤をすべて在家信者に頼っていた仏教教団が、一般の人から悪く思われたり、非難されるようなことを極力避けていたことから使われたのが譏嫌です。文字通り、（一般の人の）機嫌を損ねないようにしていたのです。

人は何を嫌って不機嫌になるのか、本書は私にとって「他人が嫌うことをうかがい知る」という仏教的な意味で、とても勉強になりました。

私は、不機嫌を解消するもっとも手っとり早い手段は、居酒屋トークだと思っています。お酒の力と共感者は、悩みを解消する大きな手助けになります。自分と異なる第三者の意見を聞くことで、自分が何にこだわって窮屈な思いをしているかに気づけるのです。

しかし、他人に頼りたくない人、居酒屋トークが苦手な人は自分の力で何とかしなければなりません。

心おだやかに生きていくために説かれた仏教では、心を乱す煩悩について綿密な研究が重ねられてきました。

言いかえれば、不機嫌の種の研究です。

貪《むさぼ》り、怒り、傲慢さ、疑心、怠け心、妬み、へつらいなど、私たちの心を乱す不機嫌の種は多岐にわたります。

こうした煩悩をなくしていくために、仏教ではものごとの本当のあり方を明らかにしろと説きます。

貪れば満足できない
怒りは冷静さを失わせる
傲慢になっていい根拠はどこにもない

疑いの心があれば正しいことを学べない
怠ければ必ずツケが回ってくる
へつらっていれば自分を偽ることになる
など、真相を明らかにするのです。

明らかになれば、貪ることを諦められます。
怒っても何も解決しないとわかります。
傲慢さも影をひそめるという具合です。

本書が不機嫌の種明かしになり、あなたの不機嫌解消の一助になれば、四カ月間、夜も寝ないで昼寝して書いた甲斐があるというものです。
それでは、どちらさまも、ごきげんよろしゅう。

名取芳彦

【出典】
『定本講談名作全集７』３７５ページ（講談社）

【参考文献】
『修養全集８〜古今逸話特選集〜』（講談社）
『国語のなかの仏教語辞典』（森章司編・東京堂出版）
『感情的にならない生き方』（名取芳彦・ＰＨＰ研究所）

本書は青春新書プレイブックスのために書き下ろされたものです

青春新書
PLAYBOOKS

人生を自由自在に活動《プレイ》する

人生の活動源として

いま要求される新しい気運は、最も現実的な生々しい時代に吐息する大衆の活力と活動源である。

文明はすべてを合理化し、自主的精神はますます衰退に瀕し、自由は奪われようとしている今日、プレイブックスに課せられた役割と必要は広く新鮮な願いとなろう。

いわゆる知識人にもとめる書物は数多く窺うまでもない。

本刊行は、在来の観念類型を打破し、謂わば現代生活の機能に即する潤滑油として、逞しい生命を吹込もうとするものである。

われわれの現状は、埃りと騒音に紛れ、雑踏に苛まれ、あくせく追われる仕事に、日々の不安は健全な精神生活を妨げる圧迫感となり、まさに現実はストレス症状を呈している。

プレイブックスは、それらすべてのうっ積を吹きとばし、自由闊達な活動力を培養し、勇気と自信を生みだす最も楽しいシリーズたらんことを、われわれは鋭意貫かんとするものである。

―創始者のことば―　小澤和一

著者紹介
名取芳彦〈なとり　ほうげん〉
1958年、東京都江戸川区小岩生まれ。元結（もっとい）不動密蔵院住職。真言宗豊山派布教研究所研究員。豊山流大師講（ご詠歌）詠匠。
大正大学を卒業後、英語教師を経て、25歳で明治以来住職不在だった密蔵院に入る。仏教を日常の中でどう活かすのかを模索し続け、写仏の会、読経の会、法話の会など、さまざまな活動をしている。
著書に『気にしない練習』（三笠書房）、『感性をみがく練習』（幻冬舎）などがある。

いちいち不機嫌《ふきげん》にならない生《い》き方《かた》　青春新書 PLAYBOOKS

2019年4月1日　第1刷

著　者　名《な》取《とり》芳《ほう》彦《げん》

発行者　小澤源太郎

責任編集　株式会社プライム涌光
電話　編集部　03(3203)2850

発行所　東京都新宿区若松町12番1号 〒162-0056　株式会社青春出版社
電話　営業部　03(3207)1916　振替番号　00190-7-98602

印刷・図書印刷　製本・フォーネット社

ISBN978-4-413-21132-1